Dieter Harhues

Und du als Mensch
zählst hier zur Fauna

Heitere Reime über Flora und Fauna
mit Scherenschnitten von Gisela Harhues

Copyright: © 2019 Dieter Harhues
Umschlag und Satz: Dieter Harhues
Alle Scherenschnitte: Gisela Harhues

Verlag und Druck:
Tredition GmbH
Halenreie 40-44
22359 Hamburg

978-3-7497-2620-2(Paperback)
978-3-7497-2621-9(Hardcover)
978-3-7497-2622-6(e-Book)

Bibliografische Information der Deutschen Nationalbibliothek:

Die Deutsche Nationalbibliothek verzeichnet diese Publikation in der Deutschen Nationalbibliothek; detaillierte bibliografische Daten sind im Internet über http://dnb.de abrufbar.

Inhaltsverzeichnis

Prolog

„Moderne Lyrik" kann ich nicht,
ich schreib' noch heute ein Gedicht,
in dem sich Verse reimen müssen.
Dafür wird mich nicht jeder küssen.

Doch mir ist das total egal,
Kritik macht mir da keine Qual.
Ich will mich an den Stil der alten
und sehr geschätzten Dichter halten.

Ich bin bei Münsters Lyrikwochen
mal „Dichtern" auf den Leim gekrochen,
doch ich empfand die Texte - leider! -
wie einst des Kaisers neue Kleider.

Denn da erschien mir mancher Text
als sinnlos und dahingekleckst,
ich fand einfach den Zugang nicht
zu dem „Modernen im Gedicht".

Ich habe auch sehr wohl vernommen,
man könne keinen Job bekommen,
bei dem es heut' ums Texten ginge,
wenn man noch immer Reime bringe.

Das ist mir alles piepegal,
ich reim' wie der aus Wiesensahl,
der Wilhelm Busch, den ich sehr liebe.
Wenn ich so gut wie er doch schriebe!

Will mich mit Goethe nicht vergleichen,
denn dazu wird's bei mir nie reichen,

doch gab's ja andre Dichtersleute,
die dichteten, wie ich noch heute.

Mein Thema ist nun die Natur,
doch will ich heute hier nicht nur
bei Tieren und bei Pflanzen bleiben,
sondern auch Menschen forsch beschreiben.

Fühlt mancher sich da schlecht behandelt,
und sagt, ich hätt' sein Bild verschandelt,
dann ist's wohl so, dass er vergisst,
was dichterische Freiheit ist.

Ich sucht' auf manchen Speicherplatten,
was die an Text zu bieten hatten,
und ich fand einiges bei mir
zu Menschen, Pflanzen und Getier.

Zwar wurd' schon dies und das gedruckt,
doch nichts bei andern abgeguckt.
Ich denke, dass meist besser ist,
was wuchs auf seinem eignen Mist!

Ich schaut' mich um bei Tag und Nacht,
hab' mir auch manches ausgedacht.
Es kam mir vieles in den Sinn,
und du als Mensch hockst mitten drin!

Was soll ich mich groß echauffieren,
ich will ja nicht mehr promovieren,
selbst, wenn der alte Mensch wird klug. -
Das scheint als Vorwort mir genug!

Der Adler

Der Adler baut' sich einen Horst
auf einem Baum am Rand vom Forst.
Doch weil kein Weib kam an die Stelle,
blieb er trotz Horst ein Junggeselle.

Die Beute, die er fleißig schlug,
er stets auch schnell zum Horst hin trug.
Doch weil er da war ganz allein,
fraß alles er in sich hinein.

Dabei wurd' er ganz faul und dick,
und es traf ihn ein Missgeschick.
Ein Jäger fand beim Morgenrot
den Adler auf dem Boden tot.

Der Vogel wurde präpariert
und dem Gymnasium spendiert.
Doch diente er sehr lange nicht
den Schülern und dem Unterricht.

Ein „Vogelschützer" hat verschreckt
den stolzen Vogel dort entdeckt,
den einst der Artenschutz sehr schützte
und der nun dort den Lehrern nützte.

Gesetzestreu wurd' reagiert
und gleich der Adler konfisziert.
Nun ruht das Tier, o welch ein Jammer,
in einer Asservatenkammer.

Der Admiral

Auf die Fregatte im Kanal
kam plötzlich jüngst ein Admiral.
Warum wurd' da nicht salutiert?
Weil das bei Faltern nie passiert!

Vom Apfel

Viel fällt zum Apfel uns wohl ein,
vor allem wenn vom Apfelwein
volltrunken wir im Lande Hessen
gar lang an stillem Ort gesessen.

Man weiß als Jude oder Christ,
dass es die Frucht gewesen ist,
die Eva einst dazu verführte,
dass sie des Herrgotts Baum berührte.

Auch Adam machte ungeduldig
sich dieser Freveltat mit schuldig.
Die Frucht steckt seither jedenfalls
als Adamsapfel noch im Hals.

Man kann's Obst unter Bäumen suchen,
wohlschmeckend ist's im Apfelkuchen.
Die Schorle mit viel Apfelsaft
gibt müden Wandrern frische Kraft.

Drum lasset uns den Apfel preisen
daheim oder auf unsren Reisen!
Erst spät hat man dann auch entdeckt
den Apfel, der im Boden steckt.

Der Erdapfel, so gut zu essen,
wird fürderhin auch nicht vergessen.
Und so der Autor euch verspricht:
Für den gibt's auch bald ein Gedicht!

Der Bär

Der Bär, erkennbar oft am Brummen,
sucht Bäume gern, wo Bienen summen.
Und häufig dient er auch zur Zier
den Städten als ihr Wappentier.

Das kann man in Berlin auch sehen.
Doch statt dem Bär, man wird's verstehen,
könnt' man, wo viel' Milliarden fehlen,
für's Wappen'n Geier jetzt empfehlen.

Zweimal gibt es am Firmament
auch Bären, die der Seemann kennt.
Als Sternbild, sowohl groß wie klein,
stellt sich der Bär zur Nacht dort ein.

Als Tanzbär muss gequält er tanzen,
als Panda liebt er Bambuspflanzen,
als Braunbär schlägt er manchmal Rinder,
als Teddy lieben ihn die Kinder.

Als Kuscheltier auf bunten Wiesen
wird er für Kaffeemilch gepriesen.
Sogar in Grönland auf dem Eis
lebt auch ein Bär, wie man wohl weiß.

Bei Schneeweißchen und Rosenrot
erlitt ein Bär einst große Not,
der eigentlich ein Prinz doch war.
Das Happyend war wunderbar!

Es gibt auch Leute, die bekamen
vom Bären ihren eig'nen Namen.

Von denen nenn' ich gerne da
das kleine Bärchen Ursula.

Vorm Bärenklau musst du dich hüten,
will der in deinem Garten wüten.
Der Bärwurz lässt sich gut vertragen
als Schnaps für den zu vollen Magen.

Doch lass dich nicht von Bären schinden
die man so gern dir möcht' aufbinden.
Denn so ein Bär wird dir zur Last,
an der du nur zu leiden hast.

Berberaffen

Die Berberaffen, die ich meine,
sie leben froh im Tierpark Rheine.
Da gibt es einen Affenwald,
mit Zugang frei für jung und alt.

Aus diesem Wald aus hohen Eichen
können die Affen nicht entweichen,
doch darf man das auch nicht verhehlen:
Sie können dich dort leicht bestehlen.

Nicht nur, was sie geschenkt bekommen,
wird auf den Baum dann mitgenommen,
sie nehmen's oft auch ungefragt,
selbst wenn's dem Zoogast nicht behagt.

Die Berberaffen sind sehr klug
und ständig dort auf Beutezug.

Sie mögen, was nun jeder weiß, be-
sonders gern dein Speiseeis.

Und findest du's auch sonderbar,
selbst Brillen sind dort in Gefahr.
Drum halte ständig das gut fest,
was sich von Affen greifen lässt.

Man weiß auch nicht im Wald der Affen,
wer da nun wohl will wen begaffen.
Neugier besteht auf beiden Seiten.
Auch das lässt sich wohl kaum bestreiten.

Dicke Bohnen
(aus der westfälischen Küche)

Zu Sankt Johannes ist's soweit:
Zu Ende ist die Spargelzeit.
Doch nun gibt's bald die dicken Bohnen,
womit wir uns dann selbst belohnen.

Gar mancher sagt bei uns sogar,
dies sei die schönste Zeit im Jahr,
wenn Bohnen, Speck und Bohnenkraut
man fröhlich in den Wanst sich haut.

Dazu Kartoffeln frisch vom Feld!
Wie schön ist uns're Bohnenwelt!
Auch wenn die, die so was nicht kennen,
die Bohnen nur „Viehfutter" nennen.

Zwar mahnt nun mancher Doktor sehr,
dein Magen habe es zu schwer.

Doch geh' dem Arzt nicht an den Kragen,
stell ihm nur schnell mal ein paar Fragen.

Dann weißt du bald schon ganz genau:
Die Bohnen kocht auch seine Frau,
und er verputzt sie schnell und gründlich
am liebsten sogar mehrmals stündlich!

Doch lasst uns nach dem Bohnenessen
das Laufen draußen nicht vergessen,
weil's dann, was jeder wohl versteht,
mit „Bohnenwind" viel flotter geht.

Wilde Blumen

Wir konnten in vergang'nen Tagen
bunte Sträuße heimwärts tragen.
Blumen blühten auf dem Land
nicht nur mal am Straßenrand.

Viele Blumen konnt' man finden,
Mädchen konnten Kränzchen binden,
un das Kleinkind steckte's Näschen
in das Muttergottesgläschen.

Warum ich die Ackerwinde
heute nur noch selten finde,
ist ganz kurz und knapp zu sagen:
Ein Acker soll kein Unkraut tragen!

Bunt war einst das Weideland,
wo man wilde Blumen fand.

Heut' herrscht dort die Farbe Grün.
Blumen dürfen nicht mehr blühn!

Die moderne Landwirtschaft
hat wilde Blumen abgeschafft,
weil sie ja vor allen Dingen
keinerlei Ertrag ihr bringen!

Will der Städter Farbe sehen,
soll er an ein Rapsfeld gehen.
Bunte Blüten, wie man weiß,
gibt's auch leider nicht im Mais.

Will der Wandrer Blumen sehen,
muss er auf Bergwiesen gehen.

Dort lebt auch noch immerzu
die bekannte lila Kuh!

In der Werbung bleibt man bunt,
und erklärt dort für gesund,
vieles, was der arme Magen
heut' kann nicht mehr gut vertragen.

Die wilden Blumen werden jetzt
auf rote Listen schnell gesetzt.
Auch wenn sie Bauern gar nicht nützen,
will man so noch Arten schützen.

Brachvogel, Kiebitz und mehr

Wo Brachvogel und Kiebitz flogen
und Lerchen steil zum Himmel zogen,
wo vom Pirol der Ruf erklang,
klingt kümmerlich nur noch Gesang.

Du schreckst nicht auf die Nachtigall
beim Bockansitz durch Büchsenknall,
nur Amseln zetern noch empört,
weil's Füchslein auf der Pirsch sie stört.

Wo Vogelsang uns einst beglückt',
ist nun die Stimmung fast bedrückt.
Und nichts beendet hier mein Murren,
selbst wenn noch mal die Tauber gurren.

Einst war die Luft an Tönen reich,
und hörst du Enten auch vom Teich,
fehlt dir das Froschkonzert dazu,
das einst erklang dort ohne Ruh'!

Als Kind hat Opa dir erklärt,
was sich da stets am Teiche jährt,
gab von den Tieren dir die Namen,
die alle dort zusammenkamen.

Stellt heute nun Jungjäger Hein
beim Ansitz seinen „Walkman" ein?
Spielt er sich übern Knopf im Ohr
Jetzt auf dem Hochsitz „Techno" vor?

Hält etwa mancher Jäger schon
dort ein drahtloses Telefon,
weil selbst von hier und in der Nacht
er immerzu Geschäfte macht?

„Wir Alten", so wird's oft beschrieben, hät-
ten „Romantik" übertrieben.
Jedoch für viele wär's ein Glück,
käm' manches heut' davon zurück.

(in ähnlicher Fassung zu lesen in „Was gleicht wohl auf Erden ..." herausgegeben von Wolfram
Martin bei Neumann-Neudamm 2010)

Brennnesseln

Obwohl es sie im Käse gibt,
sind sie im Garten nicht beliebt.
Man kann sie als Spinat verputzen,
und auch als Tee sind sie von Nutzen.

Bei Admiral' und Pfauenaugen
sie für Metamorphosen taugen,
weil mancher bunte Schmetterling
an ihnen erst als Raupe hing.

Drum, wenn dich mal die Nesseln brennen,
sollst du nicht wüten oder flennen.
Ausrotten will Brennnesseln nur,
wer nichts versteht von der Natur!

Buchfink und Laubfrosch

Der Laubfrosch lag auf grünem Bauch
wohl auf dem Blatt von seinem Strauch.
Er musste da wohl auch so liegen,
denn so ein Laubfrosch kann nicht fliegen.

Das hat dem Buchfink er geklagt,
doch der hat ihm darauf gesagt:

„Trotz allem Sport und Trimmen,
kann ich ja auch nicht schwimmen.

Und letzten Endes ist es gut,
wenn man das, was man kann, nur tut.
Allein der Mensch versucht ganz stur
zu handeln wider die Natur."

Der Frosch sprach: „Sei auch du zufrieden,
mit dem was die Natur beschieden.
Wär'n Mensch noch Affe, fändst du kaum
noch freie Äste auf dem Baum."

Ja, so gesehen ist Natur
Ergebnis größter Weisheit nur.
Sonst müsst' der Mensch in unsern Zeiten
mit Vögeln noch um Bäume streiten.

Vom Dinosaurier

Ein Forscher wollt' in Niederkrüchten
die Dinosaurier wieder züchten.
Doch leider fehlte ihm dazu
die große Dinosaurierkuh,
die im Naturpark Maas-Schwalm-Nette
er doch so gern gefunden hätte.

Doch da die niemand ihm konnt' bringen,
musst' es auf andre Art gelingen.
Er grub, obwohl's war unbequem,
nun wochenlang und tief im Lehm.
Er fand dann Knochen früh um sechs
von dem Tyrannosaurus Rex.

Aus Lehm hat Ziegel er gebrannt,
aus denen die Fabrik entstand. Da-
rin war das Geheimlabor,
verschlossen mit 'nem Eisentor.
Der Knochen wegen musst' das sein,
die waren wertvoll, wenn auch klein!

Doch wurden daraus viele Tonnen
an Genmaterial gewonnen,
und das gehörte zu Retorten
in ständig gut bewachten Orten,
samt Eizellen- und Samenbanken,
hinter den Stahl- und Eisenschranken.

Der Aufwand würde sich wohl lohnen,
weil man den Saurier wollte klonen.
Und eines Tags tat's auch gelingen,
man konnt' die Botschaft überbringen:
„Der Saurier ist wieder da!"
Und der Nobelpreis schien ganz nah!

Gewaltig wuchs der Saurier dann,
es wuchsen ihm auch Flügel an.
Und als er die mal hat bewegt,
war die Fabrik gleich flachgelegt.
Dem Wundertier ist nichts geschehen,
man konnt' es noch fortfliegen sehen.

Es düste ab in Richtung Sonne,
genoss die Wärme voller Wonne,
- denn als Reptil war's wechselwarm -
durchquert' manch' Satellitenschwarm,

löst' einen Sonnensturm noch aus
und kam nie wieder heim nach Haus!

Dohlen

Ein Mensch, der einst ein Haus gebaut,
vernahm jüngst im Kamin 'nen Laut.
Der stammte wahrlich von 'ner Dohle,
die saß auf des Kamines Sohle.

Die Hausfrau hat das Tier befreit
mit Mühe zwar nach kurzer Zeit,
doch schon am übernächsten Tage
macht ihr der Vogel neue Plage.

Bei dem Versuch, ein Nest zu bauen,
tat er wohl seiner Statik trauen,
doch die Berechnung ging so schief,
dass uns're Dohle fiel sehr tief.

Zu diesem Fakt ward nun vernommen,
nun müsst' der Schornsteinfeger kommen,
damit auf des Kamines Sohle,
der Teufel nicht die Dohle hole.

Auf den Kamin kommt nun ein Gitter.
und findet's auch die Dohle bitter,
sie muss sich anderswo umschauen,
wenn sie sich will ein Nest nun bauen.

Der Drache

Der Drache gilt als Fabeltier,
doch nach viel Schnaps und noch mehr Bier
hatte nun doch der Bauer Klaus
so'n Drachentier bei sich zuhaus'!

An sich war seine Frau Adele
zwar stark, doch eine sanfte Seele.
Sie hasste jedoch Klausens Suff
und seine Ausflüge zum Puff.

Das hat sich dann auch bald bewiesen.
Beim Jeans bügeln fand sie in diesen

24

Kondome, und was sie empörte,
da fehlt' eins, das dazu gehörte.

Im Päckchen, wo normal sind drei,
fand sie in diesem Fall nur zwei.
Sie hat darum nicht mehr gebügelt,
sondern erst ihren Klaus verprügelt.

Ein Drache, merkte da der Klaus,
sieht manchmal wie Adele aus.
Der wird dann „Hausdrache" genannt,
und den gibt es auch auf dem Land.

Doch ich erfuhr hier leider nie,
ob diese Drachentherapie,
die unser Bauer hier verspürte, na-
chhaltig ihn zur Heilung führte.

Die Eiche

Die Eiche wird im deutschen Land
als typisch deutsch sehr oft benannt.
Man klopfte sich einst hier im Reich
mit ihrem Holz die Birne weich.

Die alte Eiche
(bei Haus Langen)

Im Münsterland nimmt bei Haus Langen
ein Eichbaum unsern Blick gefangen.
Der Baum von mächtiger Gestalt
ist wohl fünfhundert Jahre alt.

Er hat Gewitter überstanden,
wo Blitze ihn als Ziel dann fanden.
Davon kann ringsum in den Rinden
man heute noch die Spuren finden.

Man könnt' vom Stamm kaum Bretter schneiden,
doch Tiere können ihn gut leiden.
Man sieht noch manche, die dort hausen
und an ihm rauf und runter sausen.

Die Maler sind zu ihm gekommen,
der Baum wurd' als Motiv genommen,
sein Abbild hängt an mancher Wand
nicht nur bei uns im Münsterland.

Er hat oft Kriege überstanden,
dabei kam mancher Ast abhanden.
Die Söldner, die vorm Burgtor wachten,
damit ein Lagerfeuer machten.

Vor dieser Burg mit Wall und Graben,
von der wir nur noch Reste haben,
steht diese Eiche bei Haus Langen
und nimmt des Wandrers Blick gefangen.

Und mancher sagt, es fiel' ihm ein,
er möchte wie die Eiche sein,
beim größten Sturm noch aufrecht stehen
und furchtlos in die Zukunft sehen.

Eichelhäher und Amsel

Den Eichelhäher, wie ihr wisst,
nennt man des Waldes Polizist.
Der Häher würd' uns weit mehr nützen,
könnt' er auch mal Castoren schützen.

Im Herbst man oft bei ihm entdeckt,
dass er was in den Boden steckt.
Wo's liegen bleibt beim Wiedersuchen,
wachsen oft Eichen, seltener Buchen.

Mit schrillem Ruf, was jedem klar,
warnt's Wild im Wald er vor Gefahr.
Doch früh schon schläft der Waldschutzmann,
dann fängt der Dienst der Amsel an.

Sie warnt vorm Iltis, Dachs und Fuchs
und, wo's sie gibt, vor Wolf und Luchs.
Doch flog der Waldkauz lautlos an,
die Amsel nicht mehr wachen kann.

Der Kauz gilt hier als Anarchist,
weil er Waldpolizisten frisst. -
Ich weiß das nur vom Jäger Schmidt,
der Wandrer kriegt davon nichts mit!

Das Eichhörnchen

Das Eichhörnchen pflanzt hier im Garten
mir unerwünschte Pflanzenarten.
Schritt ich nicht ein, säß' ich schon bald
in einem großen Wallnusswald.

Der Eisvogel

Wo's Ufer steil, das Wasser klar,
der Eisvogel einst heimisch war.
Es freut uns, dass er nun vermehrt
ist hier ins Land zurückgekehrt.

Wie schön ist's, wenn man ihn erblickt,
wie er die Beute fischt geschickt.
Sein schillernd buntes Federkleid
erfreut uns dabei jederzeit.

Da merkt man, dass es sich kann lohnen,
hier die Gewässer mehr zu schonen.
Doch Arbeit wartet noch beim Land.
Das wird, scheint's, nicht genug erkannt.

Der Elefant
(in Münsters altem Zoo)

Einst macht' in Münsters altem Zoo
ein Elefant uns Kinder froh.
Das Tier, das August wurd' genannt,
fraß allen Kindern aus der Hand.

Wir fanden es auch wunderbar,
dass August musikalisch war.
Er konnte, das war oft zu sehen,
die Kurbel der Drehorgel drehen.

Eine Moschee war Augusts Stall.
Geduldet wurd's in diesem Fall,
weil hier in Münster in den Jahren
wohl keine Islamisten waren.

Kein Mensch nahm Anstoß an dem Bau,
das weiß man heute noch genau.
Man sah ihn an als sehr exotisch
und manchmal auch nur als idiotisch.

Der Zoo, von dem ich hier berichte,
ist nun inzwischen schon Geschichte,
weil, damit Münsters Schornstein rauchte,
man's Geld für dieses Grundstück brauchte.

Ein größerer Allwetterzoo
macht heute nun die Kinder froh.
Doch der, wie könnt's wohl anders sein,
gilt vielen auch schon als zu klein!

Münster um 1940 – Blick vom Promenadenwall am Zoo

Enten

Die Enten gibt's an allen Orten
schön bunt und in fast 1000 Sorten,
wobei man nicht hat mitgezählt,
die Ente, die den Leser quält.

Die Zeitungsenten – ohne Frage –
sind manchem eine arge Plage. Er-
scheinen sie auch oft versteckt,
werden die meisten doch entdeckt.

Die Enten unsrer Parks im Land
fressen dem Menschen aus der Hand,
doch wollt' man schießen sie zum Braten,
waren sie nie so zahm geraten.

Dann kamen meistens sie zu zweit
mit rasender Geschwindigkeit,
und macht' die erste man zum Ziel,
die zweite dann herunterfiel.

Entkamen beide da gesund,
schaut' vorwurfsvoll dich an dein Hund.
Er dacht': „Hat Herrchen nichts kapiert?
Ich hätt' sie so gern apportiert!"

Stadtenten werden nicht bejagt,
doch Vogelfreunden nicht behagt,
wenn mancher, der wohl Enten liebt,
dann denen falsches Futter gibt.

Zurecht verpönt ist altes Brot,
denn Enten leiden keine Not

solang' nicht herrschen Schnee und Eis,
was leider mancher Mensch nicht weiß.

Die Enten kommen angeschwommen,
wenn Omas mit den Enkeln kommen.
Die sollten Enten nur betrachten
und's Fütterungsverbot beachten!

Tierliebe scheint ja stets vorhanden,
doch wird sie häufig falsch verstanden.
Wer Enten mästet bis zum Tode,
wählt kaum die richtige Methode!

Der Enzian

Viel Blütenpracht der Enzian zeigt
dem Menschen, der auf Berge steigt.
Ein andrer Mensch liebt ihn stattdessen
als Kräuterschnaps nach fettem Essen.

Esel

Mit krausem Fell und langen Ohren
wird so ein Haustier schon geboren,
und bald lässt es sich nicht vermeiden,
dass es als Esel muss viel leiden.

Im Mittelalter fing's schon an
beim Philosophen Buridan.
Der hat den Esel übertrieben
als unentschlossen einst beschrieben.

Vor zwei Heubündeln, hört man hier,
würd' noch verhungern dieses Tier,
es würd' sich nicht entscheiden können,
von einem Nahrung sich zu gönnen.

Doch wenn wir heut' den Esel meinen,
läuft er einer meist auf zwei Beinen
und geht noch, wie das Sprichwort weiß,
aus Übermut aufs blanke Eis.

Man tut dem Esel Schande an, ob-
wohl man doch auch sehen kann,
dass man im Neuen Testament,
den Esel nur als nützlich kennt.

Er stand doch schon in alter Zeit
in Bethlehem zur Flucht bereit.
Und in Ägypten, wie vernommen,
ist man mit ihm heil angekommen.

Drum müsste auch noch heute gelten,
dass die, die Esel dämlich schelten,

eh' sie sich solche Bosheit trauen,
schnell vorher in den Spiegel schauen.

Dass sie dann dort den Esel sehen,
das werden sie zwar nicht verstehen,
denn sie sind selber meistens nämlich
noch viel, viel dämlicher als dämlich.

Eulen
(und der Aberglaube)

In Wald und Flur gibt's viele Eulen,
die in der Nacht ganz schaurig heulen.
Heulte es einst am Bauernhaus,
zog man da falsche Schlüsse draus.

Man glaubte dort, wenn Eulen schreien,
sie da ein Sterben prophezeien.
Und mancher Mensch hat manche Nacht
vor Angst kein Auge zugemacht.

Unausgeschlafen wie er war,
droht' ihm am andern Tag Gefahr,
weil er sich da schlecht konzentrierte
und so ein Unfall schnell passierte.

Man weiß längst, dass der Eulenschrei
wohl niemals lockt den Tod herbei.
Doch trotzdem lebt an manchem Ort
der Aberglaube dennoch fort.

Und selbst im aufgeklärten Norden
ist's schlimmer, wie es scheint, geworden,

weil, wenn man's so auch nicht begreift,
die Esoterik um sich greift.

Manch' Scharlatan macht frech und heiter
mit diesem Unsinn fröhlich weiter,
und er verdient dabei noch Geld!
Sagt, wie verrückt ist unsre Welt?

Der Fisch

Der Fisch sah sich den Wurm gut an
und merkt', da war ein Haken dran.
Er wandte sich schnell ab entsetzt.
Doch sitzt in Fritzens Netz er jetzt.

Fliegen und Brummer
(im Auto)

Einst schlief der Fritz im Ford Fiesta
am Rasthaus bei seiner Siesta.
Da kam durchs off'ne Schiebedach
ein Fliegenbiest und macht' ihn wach.

Fritz wäre gern gleich aufgesprungen,
doch das ist nicht so gut gelungen.
Sein Kopf knallt' unters Schiebedach,
denn dieses Auto war sehr flach.

Die Fliege, der er Achtung zollte,
und die er grade jagen wollte,
floh nun putzmunter und hellwach
durchs schon bekannte Schiebedach.

Das blieb jedoch auch jetzt noch auf,
und's Schicksal nahm nun seinen Lauf.
Als Fritz nun wieder lag im Schlummer,
kam durch das Schiebedach ein Brummer.

Fritz dachte, den könnt' er nicht kriegen
und blieb deshalb erst ruhig liegen.
Vom Brummer hofft' er, wenn auch schwach,
dass der flög heim durchs Schiebedach.

Doch da hat Fritz sich schwer geirrt.
Das Biest ist um ihn rum geschwirrt,
und da hat Fritz im Ford Fiesta
jäh unterbrochen die Siesta.

Erst später, wie ich's hab' vernommen,
ist Fritz allmählich drauf gekommen,
dass besser schließt vor der Siesta
man's Schiebedach vom Ford Fiesta.

Der Floh

Den Floh als Ektoparasit
man nicht gern bei sich selber sieht.
Doch ist er hier in unsern Welten
dank der Hygiene schon recht selten.

Es setzt jedoch, das kommt oft vor,
gar mancher uns den Floh ins Ohr.
Und selbst wenn wir dem das verübeln, be-
ginnen wir sogleich zu grübeln.

Der Floh ist, wie man das so kennt,
dort gegen Abwehr resistent.
Er will im Ohr bei uns gern bleiben
und lässt so schnell sich nicht vertreiben.

Wir überlegen, ob der Floh viel-
leicht doch Recht hat irgendwo,
beginnen Dinge auszuwählen
und dafür schon das Geld zu zählen.

Der Floh, der uns ins Ohr gekrochen,
hat unser'n Widerstand gebrochen,
wir kaufen Dinge in der Stadt,
die uns der Floh empfohlen hat.

Doch dieser Floh der kommt - o Graus -
uns täglich wieder neu ins Haus.
Reklame öffnet Tür und Tor
dem bösen Floh in unser'm Ohr.

Die Kataloge und Reklamen,
die unbestellt ins Haus dir kamen,
die schaue dir erst gar nicht an,
weil dann der Floh nichts werden kann.

Forellen

Fischers Fritz ist losgegangen,
um Forellen sich zu fangen.
Die, so wurd' es ihm beschieden,
zählen zu den Salmoniden.

Die Fische, diese scheu- und schnellen,
sind nicht verwandt mit Salmonellen.
Die sitzen, was nicht einerlei, viel-
leicht auf Fritzens Frühstückſei.

Sein Lied schrieb Schubert für Forellen,
doch keinesfalls für Salmonellen.
Bei Prüfungen für'n Angelschein
sollt' Sportfischern bekannt das sein.

Forellen fängt der Fritz mit Fliegen,
mit Brot sind sie nicht gut zu kriegen.
Und so wie er, das stimmt genau, sind
auch Forellen manchmal blau.

Vom Frosch
(als Wettermacher)

Der Frosch im großen Gurkenglas
zeigt an, ob trocken oder nass
am andern Tag das Wetter wird.
Doch schade ist's, dass er oft irrt.

Der Frosch

Der Frosch treibt als Amphibium
sich häufig auch im Wasser rum.
Doch manchen macht wohl auch im Gras
die Jagd auf die Insekten Spaß.

Beim Menschen sitzt er allenfalls
so wie ein Kloß in dessen Hals,
so dass der so geplagte dann
auf keinen Fall schön singen kann.

41

Der Frosch hat uns in alter Zeit
auch wohl das Wetter prophezeit.
Doch heute mit den Fernsehleuten,
lässt sich das manchmal besser deuten.

„Nun sei kein Frosch!" sagt man zu dem,
der uns beim Spiel ist nicht genehm.
Und man wird drauf verzichten müssen,
den Frosch zum Prinzen gar zu küssen.

Der Frosch an sich tut uns heut' Leid,
denn ihm fehlt in unserer Zeit
ganz häufig nun der Lebensraum
sowohl im Teich wie auf dem Baum.

Frosch und Richter

Quakt laut ein Frosch bei uns im Teich,
wird gleich das Herz der Fröschin weich.
Doch wird davon der Nachbar wach,
macht der gleich fürchterlichen Krach.

Er äußert laut, dass das ihn stört,
und dass der Frosch entfernt gehört.
Und Recht gibt ihm auch ein Gericht,
denn Richter lieben Frösche nicht.

Oft haben sie wohl auch noch Frauen,
die'n Frosch zu küssen sich nicht trauen.
Das ist der Grund, weshalb ihr Mann,
natürlich auch kein Prinz sein kann.

Sonst hätt' dem Frosch er Recht gegeben,
und der könnt' da im Teich noch leben.
Und die Moral von der Geschicht':
Als Frosch zählt man nichts vor Gericht.

Vom Fuchs
(als begehrte Beute)

Der Kurt erklomm die Leitersprossen
zum Hochsitz und hat gleich geschossen
auf einen Fuchs der draußen schnürte,
jedoch Kurts Kugel gar nicht spürte.

Kurt konnt' sich kaum die Haare raufen,
da kam gleich noch ein Fuchs gelaufen.
Doch auch das Tier nahm keinen Schaden,
denn Kurt hatte nicht nachgeladen.

Danach, fürwahr es ist kein Jux,
wartet' Kurt auf den dritten Fuchs.
Doch wie soeben ich vernommen,
ist der dann doch nicht mehr gekommen.

Am nächsten Tag, so wurd's verbucht,
hat Kurt es dann am Bau versucht.
Ein Füchslein, das kaum konnte laufen,
schoss er mit Schrot dort übern Haufen.

Dann steckt' Kurt voller Übermut
den Eichenbruch noch an den Hut.
Man kann, nur so lässt sich's beschreiben,
auch mit dem Brauchtum Missbrauch treiben!

Denn Jäger ohne Jagdkultur
sind kleine dumme Schießer nur!
Trotz Jagdschein und sehr guten Waffen,
macht ihr Benehmen sie zu Affen.

Doch Affen sollt' man auch nicht sagen,
weil die ihr Tun auch hinterfragen.
Sie jagen nur zum Überleben,
da darf's Idioten wohl nicht geben.

Der Fuchs
(und die Gülle)

Der Fuchs war wieder gründlich sauer
und schimpfte: „Der verdammte Bauer
hat mir mit seiner Gülleplage
das ganze Feld, auf dem ich jage,
heut' wieder mal mit aller Macht
zu einem Stinkrevier gemacht.

Da macht das Jagen keinen Spaß!
Die Mäuse sind jetzt nicht nur nass,
sie schmecken auch zum Kotzen!"
So hört' den Fuchs man motzen.
Er schnürt' zurück in seinen Bau,
da motzt' die Fähe, seine Frau.

Sie jagt hinaus schnell ihren Mann,
weil sie ihn nicht mehr riechen kann!
Den Fuchs hat das gar sehr empört,
worauf er grimmig Rache schwört.
Und diese gilt in ganzer Fülle
dem Bauern wegen dessen Gülle.

Der Fuchs konnt' auf dem Feld nicht jagen
und wollt' am Bauernhof es wagen.
Dort war der Bauer nicht zu Haus'.
Er fuhr schon wieder Gülle aus.
Der Fuchs nahm furchtbar an ihm Rache
und holt' drei Enten ihm vom Bache.

Als er die bracht' zu seinem Bau,
da war zufrieden seine Frau
und hat mir ihren Jungen
ein Loblied ihm gesungen.
Und als die Enten aufgefressen,
war auch die Gülle bald vergessen.

Füchse
(als solche)

Der Fuchs - so hat man's sich gedacht -
sagt gern dem Hasen gute Nacht.
Doch weil's am Arsch der Welt geschieht,
man davon selten etwas sieht.

Der Fuchs an sich ist auch sehr schlau
und hat viel' Ausgänge am Bau.
Und wenn wer dort den Fuchs will prellen,
entwischt der an verschied'nen Stellen.

Der Fuchs als Mensch ist sehr erfahren
oder geschmückt mit roten Haaren.
Und mancher Fuchs ist auch als Pferd
für seinen Reiter sehr viel wert.

Und Füchse mit geringem Alter,
das sind im Sommer kleine Falter.
Der Schornsteinfeger - ohne Jux -
findet im Schornstein seinen Fuchs.

So ist vom Fuchs sehr viel zu sagen,
und ihn kann leicht die Tollwut plagen.
Doch eh' du dann beginnst zu schimpfen,
lass deinen Hund rechtzeitig impfen!

Füchslein rot
(Rückblick auf ein Kinderlied)

Bleib im Wald, mein Füchslein rot,
sonst schießt dich der Bauer tot.

Unser Bauer weiß genau,
dass du Junge hast im Bau.
Drum warst du nun schon seit Tagen stän-
dig bei ihm Hühner jagen.
Und er findet das nicht fein,
so die Hühner los zu sein.

Lieber würd' er die verkaufen,
die noch auf dem Hof rumlaufen.
Er sagt, du machst ihm viel Schaden,
und er will die Flinte laden.
Blei und Pulver stehn parat,
darum höre meinen Rat:

Hüte dich vorm Bauernhaus,
schau im Wald nach Mäusen aus.
Und sind die dir auch zu klein,
lass das Hühner jagen sein!

Bleib im Wald, mein Füchslein rot,
sonst schießt dich der Bauer tot!
Hüte dich vor seiner Flinte,
sonst färbt dich die rote Tinte,
und dann bist du tot,
liebes Füchslein rot!

Die Gans

Die Gans an sich ist gar nicht dumm.
Doch nimmt's sie's Menschen auch nicht krumm,
wenn diese solches meinen,
denn Sein ist mehr als Scheinen.

Die Gans fühlte einst sich sehr wohl
als Wächterin vom Capitol.
Ihr Geist war nicht verfettet,
und sie hat Rom gerettet.

In vielen Fabeln, Märchen, Sagen
wurd' auch ihr Lob ins Land getragen.
Wobei noch immer, wie ich wette,
sie mancher gern gebraten hätte.

Es hat sie als Forschungsobjekt
der Konrad Lorenz einst entdeckt.
Und es gibt viele Leute,
die forschen auch noch heute.

Es kann die Gans auch wohl nicht stören,
wenn man ganz unbedarfte Gören
schon mal mit ihrem Namen nennt,
weil man das Tier nicht richtig kennt.

Doch das schützt nicht die arme Gans.
Sie wird im Weihnachtsfesttagsglanz
und zu Sankt Martin noch verspeist,
was, dass sie schmackhaft ist, beweist.

Der Geier

Der Geier ist an sich nichts Rares,
war schon in Deutschland Tier des Jahres,
und leider, das liegt auf der Hand,
schwebt er noch lange überm Land.

Viel mehr als in den alten Zeiten
beschert er uns die großen Pleiten.
Und die dabei zur Hand ihm gehen,
kann leider nie im Knast man sehen.

Die Typen werden stets geschont
und mit Unsummen noch belohnt.
Der kleine Mann bekommt vom Geier
im besten Fall nur faule Eier!

Der Bundesadler ist schon lange
vor diesem bösen Vogel bange.
Er fürchtet, was ihn sehr verletzt,
dass ihn der Geier bald ersetzt!

Gerste

Die Gerste gibt als Gerstensaft an-
geblich Männern Lust und Kraft.
Doch sind davon, das sag' ich offen,
ganz viele einfach nur besoffen!

Grünkohl

Wintertags - wer könnt's vergessen -
woll'n wir unser'n Grünkohl essen,
Speck und Wurst dazu vom Schwein,
oh, wie schmeckt uns das so fein!

Wird der Bauch dann auch schön rund,
Grünkohl ist für uns gesund.

Wer von Kalorien spricht,
der kennt unser'n Grünkohl nicht.

Schau ich Wintertags nach Bayern,
gibt's bei Tisch dort nichts zu feiern,
denn im fernen Bayernland
ist der Grünkohl unbekannt.

Dort muss ich den Kohl vergessen
und die dicken Knödel essen
oder Kümmel-Sauerkraut,
das mein Magen schwer verdaut.

Schön ist, dass wir in Westfalen
auch mit Kaviar nicht prahlen.
Statt der Eierchen vom Fisch
steht der Grünkohl auf dem Tisch. -

Für'n Grünkohl sei gedankt dem Herrn,
denn wir essen ihn zu gern.
Vom Schwein passt dazu Speck und Wurst
und ein Krug Bier gegen den Durst.

Der Hahn

Der Hahn kräht nur noch auf dem Mist,
wenn er beim Biobauern ist.
Sonst lebt er sehr beengt und still
nur kurze Zeit - dann geht's zum Grill!

Der Hammel
(und sein Sprung)

Der Hammel munter, flink und jung,
der zeigte seinen Hammelsprung.
Da fragt sich, warum man den nennt,
wenn lahm agiert ein Parlament.

Vom Hamster

Bei Aachen gäb's ein Hamsterfeld
Wurd' kolportiert in aller Welt.
Doch könnt's so mancher nicht verstehen:
Kein Mensch hat Hamster da gesehen!

Doch reichte hier schon der Verdacht!
Man hat mit Plänen Schluss gemacht,
die Arbeitsplätze schaffen sollten,
nur weil's die „Hamsterschützer" wollten!

Der Hase

Der Hase sagt zur Häsin: „Siehste?
Wir steh'n jetzt auf der roten Liste.
Wir sind vom Untergang bedroht.
Da tut noch mehr Vermehrung Not!"

Doch nun war grad' im Blatt zu lesen,
dass der Besatz sei gut genesen,
so dass zu Ostern die Gefahr
von Hasenmangel keine war.

Der Mensch kann drum mit Ostereiern
vom Osterhasen Ostern feiern.
Man sieht jetzt wie die Hasen laufen
und lässt sich nicht für dumm verkaufen.

Es können auch in unsern Tagen
die Jäger weiter Hasen jagen.
Doch eh' sie sich mit Skrupeln quälen,
sollten sie den Besatz erst zählen.

Und wer ein alter Hase ist
und Sprichwörtern noch Wert beimisst,
weiß, wenn er Hasenbraten kriegt,
wo dieses Tier im Pfeffer liegt.

Das Häschen, das mit ganz viel Rasse,
im Bett liegt statt in einer Sasse,
gehört nicht zur Zoologie.
Und darauf schießen darf man nie!

Der Hase als Braten

Die Jäger warn beim Schüsseltreiben,
das will ich nicht zu lang beschreiben.
Es wurd' geprahlt, es wurd' gelogen,
dass sich im Dach die Balken bogen.

Doch das zu sagen, ist gemein,
man sprach hier doch nur sein Latein,
wie es sich nach der Jagd gehört. –
Doch hat's wohl einen Gast gestört.

Er ging die Jäger mächtig an,
schimpft', wie man Tiere töten kann,
das sei doch wohl gar nicht zu fassen,
man sollt' sie tunlichst leben lassen!

Dann kam der Kellner zu dem Herrn
und fragt: „Was hätten sie denn gern?"
Der Kerl bestellt' - wer hätt's erraten -
für sich tatsächlich Hasenbraten!

Erst macht' er Lärm dort in dem Haus
und schimpft die Jäger kräftigst aus,
dann stopft' er's Wild sich in den Magen!
Was soll ich solchen Leuten sagen?

Vom Hasen
(waren die Buletten)

Im Gasthaus, das mit Wild ihn lockte,
dereinst Karl-Gustav hungrig hockte.
Die Vielfalt war dort ungeheuer,
doch durchweg leider ihm zu teuer.

Er fand letztendlich ein Gericht,
das ihm wohl schien zu teuer nicht.
Dort bei der Wirtin, der sonst netten,
gab's nämlich auch Hasenbuletten.

Doch eh' der Gast sich drangewagt,
hat er die Wirtin doch gefragt,
woher denn all das Fleisch hier käme,
das sie für die Buletten nähme.

Es fiele der Verdacht ihm ein,
es könnt' nicht nur vom Hasen sein. –
Das Hasenfleisch wär' viel zu trocken,
ließ sich die Wirtin da entlocken.

Drum würde „eins zu eins" gemischt,
was als Bulette aufgetischt.
Bei dem Gericht, das er verzehrt',
käm' auf den Hasen je ein Pferd.

Der Hecht

Es lebt der Hecht im Karpfenteich
wohl doch nicht wie im Himmelreich;
denn sind die Karpfen dick und rund,
kriegt er sie nicht durch seinen Schlund.

Ein Hecht
(aus der Ems)

Einst kam im Gasthof Ringemann
spät abends noch ein Angler an.
Nachdem er an der Ems gefischt,
hat sein Latein er aufgetischt:

„Der Tag hier heute war nicht schlecht,
ich fing einen Zweimeterhecht,
wobei ich mit dem Riesenfang
über zwei Stunden mächtig rang.

Ich kriegte ihn, ihr glaubt's mir kaum,
sogar bis in den Kofferraum.

Das war Maloche, gar nicht schlecht,
ich glaub', das wird mein Lebenshecht!"

Ein Bauer, der am Tresen stand,
gab ihm mit „Petri Heil!" die Hand.
Und dann kam: „Hier in diesem Haus
gibt man für so'n Hecht einen aus!"

Der Angler wollte knauserig sein,
da fiel dem Bauern noch was ein:
„Dein Hecht ist zwar ein großer Fang,
doch hör' mal, was mir heut' gelang.

Ich werde auch bestimmt nicht lügen
bei dem, was mir geschah beim Pflügen.
Da kam an einer Bodenwelle
mein Trecker nicht mehr von der Stelle.

Der Pflug saß da im Lehm so fest,
wie es sich kaum beschreiben lässt.
Ich hab's versucht, mal hin mal her,
doch ging da wirklich gar nichts mehr!

Ich holte mir vom Hof 'nen Knecht,
der stärkste war mir grade recht,
dazu noch zwei sehr gute Spaten
und dann ging's auf zu neuen Taten.

So rund fünf Stunden aber haben
wir dort nur noch wie wild gegraben.
Ein Panzer war die Beute dann.
Der hatte noch die Lampen an!

Bei Bernsmann auf dem Schrottgelände,
zerlegen ihn nun starke Hände.
Und so werd' ich wohl nach dem Wiegen
rund 1000 Mark für'n Schrott dann kriegen!"

Da sagt' der Angler, dass er's schwört,
wenn ihn auch schon der Panzer stört,
sei doch das Schlimmste – Mann oh Mann! –
dass der noch hätt' die Lampen an!

Der Bauer sagt': „Bei solchen Sachen
muss man wohl Kompromisse machen.
Du gibst für'n Hecht jetzt einen aus,
und ich mach' gleich die Lampen aus!"

Doch dann, nach reichlich Schnaps und Bier,
sagte der Wirt: „Nun reicht' es mir!
Ihr beiden geht jetzt brav nach Haus,
und ich mach' hier die Lampen aus!"

Das alles ist schon lange her,
und diese Kneipe gibt's nicht mehr,
wo man beim Radeln hier im Land
die besten Schinkenschnittchen fand.

Doch an der Ems wird noch gefischt,
Anglerlatein noch aufgetischt,
und jedem Angler käm' er recht:
So'n mächtiger Zweimeterhecht!

Hirsch und Mensch

Wenn im Herbst die Hirsche röhren,
würd's den Menschen mächtig stören,
so er, falls er zeugen wollte,
vorher auch so laut sein sollte.

Hirsche
(in der Brunft)

Obwohl er schon in manchem Jahr
zur Hirschbrunft zum Verhören war,
ein Jäger jüngst im Darß einkehrte
auf Ferdinand von Raesfelds Fährte.

Dass er verwandt mit dem Westfalen,
davon wagt' er nun nicht zu prahlen.
Er reihte sich ganz schlicht und klein
dort bei den Darßbesuchern ein.

Doch was er dort geboten kam
war mehr als er sonst je vernahm.
Auch hatte er noch nie erlebt,
dass bei der Brunft die Erde bebt.

Den Eindruck hätt' er da bekommen,
hat später man von ihm vernommen.
Auch hätt' an Rotwild dieser Pracht
er vorher nicht im Traum gedacht.

Beim Abschied sagt' der Jäger dann
zum Förster: „Höre, lieber Mann,

nach dieser Brunft fällt jäh mir ein,
ich möchte selbst ein Hirsch nie sein!

Der Kampf - auch noch mit Publikum -
der brächte mich beizeiten um.
Ich käm' gar bald in große Not
und wär' am dritten Tag schon tot.

Da bin ich ehrlich doch und bleibe
freiwillig gern bei meinem Weibe
und widme dort mich nur der Brunft,
die üblich ist in unsrer Zunft.

Denn sonst käm' ich nach kurzer Zeit
schon mächtig in Verlegenheit.
Ich bleibe ehrlich und bescheiden.
als Hirsch müsst' ich zu viel erleiden.

Ein Jäger, der das anders glaubt,
dem hat man den Verstand geraubt.
Der würde dort nie Ruhm erwerben
und ganz gering als Fallwild sterben!"

Der ministerielle Hirsch

Als unbestechlich war bekannt
der Förster Schmitz im Sauerland.
Das sprach sich schnell im Staatsforst rum,
doch nicht im Ministerium.

Von dort kam ein Staatssekretär,
der meint', dass er der größte wär',

der größte Nimrod weit und breit.
Doch leider hatt' er nie viel Zeit!

Er kam des Nachmittags um vier
beim Förster Schmitz nun ins Revier
und steckte erst mal einen Schein
dem Förster in die Joppe rein.

Dann sprach er, der Minister wolle,
dass er 'nen Hirsch hier strecken solle,
ein' Zehner mindestens mit Krone,
damit der Ansitz sich auch lohne.

Er hätt' die Stelle gern gefunden,
wo Schmitz die Hirsche angebunden
und sprach: „Die gibt's doch sich hier
bei Ihnen auch in dem Revier."

Schmitz sagt': „Ich hab' erst eine Bitte.
Es ist seit Jahren bei uns Sitte,
dass von den Gästen zum Willkommen
ein Zielwasser wird eingenommen.

Doch trinken Sie hier heut' allein,
denn das muss leider jetzt so sein.
Mein Arzt, was mir selbst nicht behagt,
hat mir den Schnaps streng untersagt.

Bei „Waidmannsheil!" und „Sehr zum Wohl!"
gab's Kräuterschnaps mit Ballistol.
Die Dosis war gut angemessen,
der Gast hat nicht lang angesessen!

Das war dem Förster Schmitz sehr wichtig.
Der Trunk wär' apothekenpflichtig
normalerweise hier im Land,
das hat er wohl noch anerkannt.

Es konnt' des Düsseldorfers Magen
diese Mixtur wohl nicht vertragen.
Nach kurzer Zeit saust' wie der Blitz
der Staatsbeamte dort vom Sitz.

Er kam quasi vom hohen Rosse
noch bis zur dritten Leitersprosse.
Die wurde ihm zur Toilette,
was er wohl nie erwartet hätte.

Der Förster Schmitz saß zwischen Birken
und sah den Trunk beim Staatsgast wirken.
Und was wohl klar ist, liebe Leute:
Der Kronenzehner lebt noch heute.

Und die Moral von der Geschicht':
„Den Förster Schmitz besticht man nicht!"
Das sprach sich nach der Sache rum
sogar im Ministerium!

Hopfen und Trauben

Um Bier zu brauen, braucht man Hopfen,
für'n Käsekuchen guten Topfen
und gute Trauben für den Wein.
Was fällt dir für'n Minister ein?

Das Huhn

Es hat noch nie im Sand gescharrt,
hat nur im Käfig ausgeharrt.
Da könnt' beim Frühstücksei das Huhn
dir eigentlich doch Leid nur tun.

Hunde
(allgemein betrachtet)

Gute Hunde, wie wir meinen,
gibt's in über hundert Rassen
uns begegnend auf vier Beinen,
viele sind auch anzufassen.

Böse sind die Hunde nur,
wenn der Mensch sie falsch erzogen,
schlecht sind sie nicht von Natur!
Wer das sagt', der hat gelogen.

Doch da sie gelehrig sind, kön-
nen sie zu vielem nützen, wol-
len gerne Weib und Kind
und auch Haus und Hof beschützen.

Wenn sie sich um Blinde kümmern
oder mit dem Jäger jagen, Mensch-
en suchen unter Trümmern, will sie
jeder gern ertragen.

Ist ein Hund nicht so geraten,
wie es seinen Nachbarn schmeckt,
haben deutsche Bürokraten
schnell den Grund dafür entdeckt.

Es liegt hier nur an den Rassen, ru-
fen ein paar Idioten!
Mit Gesetzen und Erlassen,
wird gleich mancher Hund verboten.

Hier gibt's wieder Selektion!
Dabei geht's zwar nur um's Tier,
doch das gab es leider schon
auch bei Menschen, wissen wir.

Die, die nun Gesetze schreiben
wie voll Wut und wie besessen,
werden, weil sie übertreiben,
leicht mit falschen Maß gemessen.

Gibt es hier nicht guten Grund,
sich den Menschen anzusehen,
der mit falsch dressiertem Hund
eine Straftat könnt' begehen.

Für den Hund wird es dann bitter,
doch der kann gar nichts dafür!
Setzt sein „Herrchen" hinter Gitter
und verschließt ihm fest die Tür.

Warum sollen Hunde leiden
für des Menschen Unverstand?
Solche Fehler zu vermeiden,
lernt man's nie in unser'm Land?

Der Hund und Lärm

Der Hund kann alles lauter hören,
Lärm kann sein Wohlbefinden stören!
Ein Feuerwerk in dunkler Nacht
hat oft in Panik ihn gebracht!

Der Hund
(als Superhund)

Am Stammtisch sprach der Jäger Bolz:
„Mein Jagdhund ist mein ganzer Stolz!
Er sucht sehr gut und von Natur
bleibt er stets laut auch in der Spur.

Und wenn man ihn ans Wild ran lässt,
dann steht er vor ganz bombenfest.
Er hat Appell und garantiert
ist, dass er alles apportiert."

Drauf denkt ein Jagdherr, was soll's schaden?
Er hat zum Jagdtag eingeladen
den Jäger Bolz in sein Revier mit-
samt dem Hund, dem Supertier!

Am Jagdtag bei dem ersten Treiben,
es lässt sich wahrlich kaum beschreiben,
da rast der Hund gleich los, als wär er
hier angestellt als Fernaufklärer.

Weit weg, wo gar kein Jäger steht,
sieht man, wie all das Wild abgeht.
Herr Bolz schreit sich die Kehle heiß,
der Hund's zu ignorieren weiß.

Der Superhund hat nach zwei Stunden
sich endlich wieder eingefunden.
Da war man schon im vierten Treiben,
und der Herr Bolz wollt' nicht mehr bleiben.

Man fand ihn dort zu dieser Stund'
alsbald beim Heimweg mit dem Hund.
Herrn Bolz mit Superhund sah hier
kein Mensch noch mal in dem Revier.

Der Igel

Wenn's Räubern mal nach ihm gelüstet,
ist er dagegen gut gerüstet.
Doch uns're Autos - das ist dumm -
bringen ihn trotz der Stacheln um.

Der Jaguar

Bekannt ist dieser große starke
Greifsäuger auch als Automarke.
Doch bei uns können sich die meisten
weder das Tier noch's Auto leisten.

Kängurus

Das Känguru springt mächtig weit,
doch sieht man grad' in unsrer Zeit
manch' Leute große Sprünge wagen,
die gar nichts selbst im Beutel haben.

Das Kamel

Ein Mensch, den man „Kamel" genannt,
ist jüngst zum Kadi gleich gerannt.
Doch stellte dort der Richter fest,
dass es sich damit leben lässt.

So ein Kamel ist ehrenwert
doch mindestens so wie ein Pferd.
Und wer will das bestreiten?
Es lässt sich trefflich reiten.

Es überlebt im Wüstensand
der Sonne fürchterlichsten Brand.
Es schreitet aufrecht noch einher,
wenn's Pferd schon längst verdurstet wär'.

Kein Mensch erreicht mit seiner Kraft
das was so ein Kamel dort schafft,
drum müsst' der, den „Kamel" wir nennen,
das gleich als großes Lob erkennen.

Die meisten Tiere, deren Namen
in den Bereich des Schimpfworts kamen,

bewähren gut sich in der Welt,
wo sich der Mensch oft blöd verhält.

Meine Kaninchen
(in der Nachkriegszeit)

Sie sahen hübsch und putzig aus
und hatten ihr eigenes Haus,
der Hoppel und das Minchen
und all meine Kaninchen.

Sie dienten alle dem Verzehr,
wurden im Sommer zwar erst mehr,
doch sank bald wieder ihre Zahl.
Ihr Fleisch war nämlich erste Wahl.

Zum Futter holen musst ich traben
an'n Feldrand oder in den Graben.
Vom Bauernhof stammte ihr Stroh
und Heu für'n Winter ebenso.

Umsonst war das nicht zu bekommen,
doch hat kein Bauer Geld genommen,
nur Zigaretten, falls er rauchte,
oder was, das die Bäurin brauchte.

Die Zwergkaninchen gab's noch nicht,
denn zu gering war ihr Gewicht.
Doch hätt' man die, des ungeachtet,
aus Hunger damals auch geschlachtet.

Von der Kartoffel

„Das Fleisch gehört auf meinen Teller,
Kartoffeln jedoch in den Keller!"
Für den, der solche Dummheit sagt,
wird's Zeit, dass ihn der Hunger plagt.

Ich bin Westfale, und mitnichten
kann ich auf diese Frucht verzichten!
Ich will nicht täglich Nudeln essen,
bin auch auf Reis nicht so versessen!

Mein Dank gilt noch, das ist kein Witz,
dem alten Preußenkönig Fritz,
der seine Bauern Jahre lang
zum Anbau der Kartoffel zwang.

Bezweifeln muss ich aber nun,
er hätte mit „Pommes frites" zu tun!
Vom Klang her wär' es zu verstehen,
vom Schriftbild nicht, wie wir schnell sehen!

Viel' dicke Bücher sind geschrieben
von Köchen, die Kartoffeln lieben.
Ganz wichtig bleibt, und das ist wahr:
Man kocht sie doch am besten gar!

„Al dente" kann man sie vergessen!
Dann kann sie selbst ein Schwein kaum fressen.
Obwohl, was eine Wildsau ist,
sie sogar roh vom Acker frisst.

Doch nun, ihr Leute groß und klein,
stimmt mit mir in das Loblied ein:

„Lasst uns nun die Kartoffel loben
und ihren Schöpfer hoch da droben!"

Der Kartoffelkäfer

Der Käfer, den wir oft verdammt,
ganz fern aus Colorado stammt.
Inzwischen lebt in aller Welt
dies' Tier auf dem Kartoffelfeld.

Wir mussten in den Nachkriegsjahren
noch mehr über das „Viech" erfahren,
wir mussten es samt Larven suchen.
Und das oft unter lautem Fluchen!

Beim Suchen im Kartoffelkraut
hat man die Kleidung sich versaut,
die Hände wurden dabei bunt
und Disteln stachen sie uns wund.

Doch wurden Kinder, auch die jungen,
zum Käfersuchen hier gezwungen.
Arbeitsbeginn war stets um zwei,
zum Trost gab's Schulaufgabenfrei.

Doch gab's in dieser Zeit der Not
manchmal sogar ein Butterbrot,
das uns die Bäurin hat gebracht.
Wir hatten da ja ständig Schmacht!

Lang' ist, gottlob, die Schinderei
und Kinderarbeit hier vorbei.

Es kümmert um dies' Käfervieh
sich heute die Agrarchemie.

Katzen

Katzen gibt es allerorten
und in sehr, sehr vielen Sorten.
Wissen muss man, dass bei allen
in den Pfoten stecken Krallen.

Manche Katzen erst mal fauchen,
eh' die Krallen sie gebrauchen,
doch das heißt durchaus mitnichten,
dass die andern drauf verzichten.

Katzen sind wie manche Frau,
und da weiß man nie genau,
ob sie, wo sie grad' noch schnurrt,
nach Sekunden nicht schon murrt.

Wer sich hier in unsrer Welt
Katzen als sein Haustier hält,
darf Gehorsam nicht erwarten,
nicht im Haus und nicht im Garten!

Katzen ruhen voller Wonne
auf dem Rasen in der Sonne,
woll'n in Frauchens Bett gern liegen
und dort sogar Junge kriegen.

Soll's bei euch so nicht passieren,
lasst die Katzen flugs kastrieren.
Und sorgt vor, dass euer Kater,
wird nicht dauernd wieder Vater!

Katzen tun nie, was sie sollen,
meistens das, was sie grad' wollen,
und es weiß schon jedes Kind,
dass sie nicht wie Hunde sind.

Der Kiebitz

Die Kiebitze auf unsern Wiesen
die haben wir einst sehr gepriesen,
weil man bei uns hier auf dem Land
im Frühling Kiebitzeier fand.

Heut' gibt's den Kiebitz kaum zu sehen,
brauchst nicht zum Eiersuchen gehen.
Du würdest sicher keine finden,
weil selbst die Wiesen nun verschwinden.

Und weil im Raps oder im Mais
kein Kiebitz lebt, wie jeder weiß,
steht heut' der Kiebitz nur parat
als Zuschauer bei Schach und Skat.

Sprichwörtlich ist er'n Ungeheuer,
denn ihm ist nie ein Spiel zu teuer!
Man sieht den echten Kiebitz leider nur
noch selten in unsrer Natur.

Knoblauch

Knoblauch schützt gegen Vampire,
wo man dann nicht drunter leidet.
Einsam macht er im Quartiere,
weil dich dort der Nachbar meidet.

Die Kraniche

Sieh da! Sieh da, Timotheus,
die Kraniche des Ibykus?
Von denen sicher keiner war's,
beim Kranich denk' ich an den Darß.

Für seinen Anblick bin vor Jahren
ich auf die Halbinsel gefahren,

ließ mich von den Trompetentönen
der Kraniche dort gern verwöhnen.

Doch was ich dort auch unternommen,
nie bin ich ihm sehr nah gekommen,
der Kranich ist, das ist nicht neu,
sehr schön zwar, aber auch sehr scheu.

Doch wenn der Schwarm, geformt zum Keil,
des Morgens stieg zum Himmel steil,
war ich durchaus damit zufrieden,
dass mir der Anblick ward beschieden.

Daheim erwart' zweimal im Jahr,
ich nun den Zug der Kranichschar
und hoffe immerzu sodann,
dass ich sie oft noch sehen kann.

Von Kröten
(und anderem Getier)

Es sprach jüngst bei der Morgenröte
die Kora-Klara, eine Kröte,
zum Kurt-Karlheinz dem Kröterich:
„Ich sitz' nicht gern im Knöterich.

Da ist es trocken und voll Staub.
Ich liebe aber nasses Laub,
wo'n dicker Wurm 'ne Wohnung hat.
Der macht mich für zwei Tage satt.

Danach schlaf ich dort gut versteckt,
bis dass ein schriller Schrei mich weckt,

weil sich entsetzt' die Frau im Haus,
die Angst vor mir hat und der Maus.

Die Maus, die mich ja niemals plagt,
wird von dem Hund der Frau gejagt.
Doch weil er mich nicht riechen kann,
fasst er mich – Gott sei Dank – nicht an.

Doch besser ist's, dass ich mich schleich'
dann doch wohl zu dem Gartenteich.
Da kann ich mit dem netten alten
Teichfrosch mich dann unterhalten.

Vielleicht auch mit den Salamandern,
die dort gelegentlich hin wandern.
Der Teichmolch ist dazu zu stur,
der redet mit sich selber nur.

Doch einmal hat er mir gesagt,
dass hier ein Reiher manchmal jagt.
Doch leider konnte er nicht sagen,
an welchem Tag so Reiher jagen.

Doch könnt' mich das an sich nicht jucken,
denn wer will denn schon Kröten schlucken?
Doch soll mich nicht der Leichtsinn treiben.
Ich werde besser wachsam bleiben.

Du siehst, ich hab' hier selbst als Kröte
im Leben manchmal meine Nöte.
Und jährlich muss ich mit den andern Krö-
ten noch zum Laichen wandern.

Dann kommst du alter Kröterich
hervor aus deinem Knöterich,
und ich – es ist ja nicht zu sagen –
muss dich dann auf dem Rücken tragen.

Ich arme Kröte mus mich fügen,
und du hast wieder dein Vergnügen.
Du fängst genüsslich an zu stöhnen,
als wolltest du mich noch verhöhnen.

Ich hätt' an sich ja wohl gedacht,
du hättst 'nen Wurm mir mitgebracht.
Doch du denkst nicht einmal daran.
Da sieht man's wieder: Typisch Mann!"

Das Krokodil

Man sagte einst vom Krokodil,
dass dessen Heimat sei der Nil.
Doch jetzt hat sich herausgestellt:
Es lebt mehr in der Modewelt.

Kostet ein Modeteil nicht viel,
weil auf ihm ist kein Krokodil,
wird mit ihm, wie man heute weiß,
sogleich verdoppelt kess sein Preis.

Bei dem, was man so strickt und näht,
ist nur von bester Qualität
das Kleidungsstück, dem dient als Zier
das sonst mit Angst beschaute Tier.

Beim Kasperle spielt's sonst 'ne Rolle,
der kriegt sich damit in die Wolle,
und Kinder machen gleich dabei,
wenn sie es sehen, viel Geschrei.

Wär' daher besser's Krokodil
geblieben, wie dereinst, im Nil?
oder soll'n wir nun mit Entzücken
mit ihm uns uns're Kleidung schmücken?

Bekommt wohl der, der's sicher weiß,
von den Verbrauchern einen Preis?
Oder zahlt man zu Recht so viel
für Sachen mit dem Krokodil?

Der Kuckuck

Der Kuckuck ruft stets in der Zeit,
wenn sich der Frühling macht bereit.
Dann singt der Mensch mit ihm auch wieder
wie einst der Esel Frühlingslieder.

Doch ist der Mensch ganz arg verstimmt,
wenn er mal vom Gericht vernimmt,
dass man beschlossen hat soeben,
den Kuckuck ihm ins Haus zu kleben.

Gerichtsvollziehern hat empfohlen,
es möge sie der Kuckuck holen,
der Mensch, von dem man hat entdeckt,
dass er zu tief in Schulden steckt.

Der Jäger, der als Riesenross,
wie einst im Lied den Kuckuck schoss,
der hat nun keinen Jagdschein mehr,
und die Kuckucke freu'n sich sehr.

Lass es dir nicht zu sein einfallen
ein Kuckuck unter Nachtigallen.
Denn dann wünscht man dich auf der Stell
wohl auch zum Kuckuck - und zwar schnell!

Alverskirchen – St. Agatha (um 1950)

Die widerspenstige Kuh
(in Alverskirchen)

In Alverskirchen war ein Bauer
auf seine neue Kuh stocksauer.
Sie blieb nicht still beim Melken stehen,
ließ die Besamung nicht geschehen,
drückt's Hinterteil stets an die Wand
und biss dem Tierarzt in die Hand.

Der Nachbar, dem er dies geklagt,
hat unsern Bauern gleich gefragt,
der sich voll Zorn die Haare rauft',
wo er denn hätt' die Kuh gekauft,
und ob die Kuh, die er verdammt,
womöglich auch aus Telgte stammt.

Der Bauer hat nun „Ja!" gesagt
und seinen Nachbarn gleich befragt,
woher er die Vermutung nähme,
dass dieses Biest aus Telgte käme.
Worauf der Nachbar traurig spricht:
„Mein Weib doch auch, weißt du das nicht?"

(in ähnlicher Fasung zu lesen in „Was gleicht wohl auf Erden …", herausgegeben
von Wolfram Martin bei Neumann-Neudamm 2010)

Der Leopard

Bekannt ist uns der Leopard
als wunderschöne Katzenart.
Doch ärgert's den, der das Tier kennt,
dass man auch Kampfpanzer so nennt!

Die wollen, weil sie so gut laufen,
nun auch die Saudis bei uns kaufen.
Und wenn sie auch viel Treibstoff schlucken,
wird das die Ölscheichs gar nicht jucken.

Ich würde nun hier gern noch schreiben,
sie sollten bei'n Kamelen bleiben.
Da wird man mir die Antwort geben,
wir müssten vom Export doch leben.

Die Lobby unsrer Industrie
zwingt die Regierung in die Knie,
und die gibt Bürgern dann bekannt,
Arabien sei ein „Freundesland"!

Bei alledem wär's lieber mir,
es ginge doch ums Katzentier.
Ein Leopard im schönen Zoo
macht aber nicht den Ölscheich froh.

Die Linsen
(als Kontaktlinsen)

Lädt Jakob mal ein Mägdelein
zu einem Linseneintopf ein,
sind diese Linsen, das ist Fakt,
Kontaktlinsen, ganz neu verpackt!

Lorbeer

Ist dir kein Lorbeerkranz beschieden,
brauchst du dich nicht ins Schwert zu stürzen.
Den meisten Menschen reicht hienieden
ein Lorbeerblättchen schon - zum Würzen.

Löwenzahn und Sauerampfer

Ja, Löwenzahn und Sauerampfer
sahen wohl niemals einen Dampfer!
Doch wurden sie - welch gute Tat -
in Fernsehkochshows zu Salat!

Mais

Weltweit ist vielerorts der Mais
Hauptnahrungsquelle, wie man weiß.
Doch wird er hier bei uns Land
als Viehfutter sehr oft genannt.

Man baut ihn nicht nur an fürs Vieh,
sondern gewinnt auch Energie
aus Mais, den man ganz ungeniert
dazu hat genmanipuliert.

Agrarchemiker haben Träume,
zu züchten Mais so groß wie Bäume,
die ringsum alles überragen
und riesengroße Kolben tragen.

Wobei der Mensch den Mais auch mag
als „Cornflakes", wenn beginnt der Tag.
Und sitzt im Kino er am Abend
findet er „Popcorn" sehr erlabend.

Er sieht auch nicht in Feld und Flur
die große Maismonokultur,
die ja für Menschen in der Stadt
keine sichtbaren Folgen hat.

Dem Bauern, der mit Mais muss leben,
hat man die Kenntnis nicht gegeben,
ob es sein Acker gut verdaut,
wenn Jahre lang er Mais anbaut.

Will er die Menge produzieren,
die ausreicht um zu existieren,
kann er hier nicht, wie einst die Alten,
die bunte Parklandschaft erhalten.

Ich weiß auch, dass die meisten Bauern
nun diese Fakten sehr bedauern.
Und weiter fällt mir dazu ein:
Ich möchte heut' kein Bauer sein!

Die Maus
(als das größte Tier)

Ein Mäuserich kam angelaufen
und stieg auf einen Maulwurfshaufen.
Er rief: „Ich bin das größte Tier
von hunderttausend Mäusen hier!"

Da kam der Fuchs, o große Not,
und biss die Maus ganz einfach tot.
Da sprach die Schnecke tief im Gras:
„Das war ja nur ein kurzer Spaß!

Der Mausemann war ja man bloß
für'n paar Sekunden riesengroß.
Das hat er nun vom Übermut.
Nun schmeckt er unserm Füchslein gut!"

Mäuse
(Kleine Mausekunde)

Von Mäusen gibt es allerorten
gar viele in verschied'nen Sorten.

Die Maus an sich tut keinem was
und hat an ihrem Leben Spaß.

Vom Sonntagsbraten die Gerüche
locken die Mäuse in die Küche.

Sind Mäuse in der Speisekammer,
hört man der Köchin lauten Jammer.

Doch sind die Mäuse in der Falle,
ist dieser laute Jammer alle.

Schlägt mal der Habicht keine Tauben,
müssen die Mäuse wohl dran glauben.

Sitzen die Mäuse tief im Loch,
fängt's kleine Wiesel sie da doch.

Kaninchen kriegen viele Kinder,
die Mäuse auch, doch noch geschwinder.

Bei Mäusen, die auf Bildung bauen,
ist die Fremdsprache das Miauen.

In Bückeburg im Mausoleum
feiern die Mäuse'n Jubiläum.

Die Katze voll mit Kittekat
hat bald die Jagd auf Mäuse satt.

Die Mäuse, die am Tuche nagen,
tun dieses nur an Hungertagen.

Gar ärmlich lebt die Kirchenmaus
vom Opferstock im Gotteshaus.

Doch üppig lebt in Disneys Land,
die Maus als Mickey weltbekannt.

Wenn eine Maus als Fleder- fliegt,
die Katz' sie schlecht zu fassen kriegt.

Sagt wer zur Maus „Mein Mäuslein fein!"
wird das ein Mensch im Bett wohl sein.

Wer sich gar fürchtet vor der Maus,
sieht meist nicht wie ein Mäuschen aus.

Die Mäuse hüten sich vorm Fuchs,
denn was der tut, das ist kein Jux.

Die eitlen Mäuse vor dem Spiegel,
die fängt mit Wonne sich der Igel.

Der Knecht hört nicht der Mäuse Klage,
bekämpft mit Gift die Mäuseplage.

Tut's Gift die Mäuse ganz vernichten,
kann über sie man nichts mehr dichten.

Der Maulwurf
(von der Nordseeküste)

Einst lebte Tante Anneliese
samt Haus mit Garten und 'ner Wiese
in Tönning an der Nordseeküste,
ein Städtchen, das man kennen müsste.

Rund um ihr Haus war's sehr gepflegt,
bis dass sich dort ein Maulwurf regt'.
Das schwarze Tier war nicht zu zügeln,
und alles war bedeckt mit Hügeln.

Das Chaos war kaum zu beschreiben,
drum wollt' den Maulwurf man vertreiben.

Doch weil ihn der Naturschutz schützte,
fand man kein Mittel hier, das nützte.

Versuche gab es jede Menge.
So füllte man ihm seine Gänge
mit stinkenden Petroleumlappen,
damit sollt' die Vertreibung klappen.

Auch hier war das Ergebnis schwach,
es machten nur zwei Nachbarn Krach.
Die hörte man nun ständig sagen,
der Mief sei kaum noch zu ertragen.

Man hat die Lappen ausgegraben,
die hier ja nicht geholfen haben.
Nur Jagd war hier noch angesagt,
gesucht wurd' jemand, der das wagt'.

Weil man das Tier nicht durfte töten,
war Lebendfang hier nun vonnöten.
Die Nichte, die im Urlaub kam,
die Nachtwache gleich übernahm.

Sie wachte ein paar Nächte lang,
bis schließlich ihr gelang der Fang.
Der Maulwurf wurd' gleich in der Nacht
auf einen Acker nun gebracht.

Der Weg dahin war wirklich weit,
man wähnt' vom Maulwurf sich befreit,
und hat, zwar nicht mehr in der Nacht,
doch bald die Hügel plattgemacht.

Das freute Tante Anneliese
samt ihrem Garten und der Wiese.
Doch nach 'ner Woche war's vorbei.
Da hörten Nachbarn einen Schrei:

„Verflixtes Biest!" schrie Anneliese
beim Anblick ihrer kleinen Wiese.
Sie konnt' sich nur die Haare raufen,
da waren neue Maulwurfshaufen!

Ein Nachbar, dem sie das geklagt,
hat ihr dann tröstend gleich gesagt:
„Das Heimweh hat ihn heimgetrieben,
der Maulwurf scheint dich sehr zu lieben!"

Der Mensch
(Krone der Schöpfung?)

Mit Adam Gott die Schöpfung krönte.
Doch gleich des Satans Ruf ertönte:
„Du wirst mit diesem schönen Knaben
nicht lange deine Freude haben!"

Und so geschah's, denn Eva kam,
die gleich dem Mann den Willen nahm.
Als Adam kam in Evas Hände,
war's mit dem Paradies zu Ende.

Ein musikalischer Mensch

Ein Mensch, der musikalisch war,
hat hier im Dorf so manches Jahr
Musik gemacht nach Mitternacht,
was ihm viel Ruhm hat eingebracht.

Nach seiner Treibjagd im Revier,
samt Schüsseltreiben mit viel Bier,
hat er auch noch in tiefer Nacht
auf seinem Horn Musik gemacht.

An sich hätt' manchen das gestört,
wenn man ihn nachts im Schlafe stört'
mit „Jagd vorbei" und „Halali",
doch hier beschwerte man sich nie.

Den Jagdhornbläser in dem Falle
kannten im Dorf die Leute alle.
Ihr Doktor war's, und er tat kund:
„Ich war zur Jagd, kehrt' heim gesund!"

Seine Patienten dachten nun:
„Den lassen wir die Nacht mal ruhn!
Ab morgen schon, wie jederzeit,
steht wieder er als Arzt bereit!"

Es fehlte trotz der Ruhestörung
bei den Mitbürgern die Empörung
über das Wecken in der Nacht. -
Er hat's auch nicht sehr oft gemacht!

Und heute wär' so mancher froh,
wenn das noch weiter ginge so.
Doch leider lebt der Mensch nicht mehr,
und deshalb trauern viele sehr!

Der jagende Mensch
(in der Weihnachtszeit)

Es kommt heran die Heilige Nacht.
Wo ist der Jäger noch halb acht?
Wird er gar noch nach Wild ausschauen?
So manchem wär's fast zuzutrauen.

Doch viele, an die ich nun denke,
warten auf typische Geschenke,
auf grüne Hemden, grüne Socken.
Drum werden sie zu Hause hocken.

Sie sind nun nicht mehr auf der Pirsch,
längst in der Truhe war der Hirsch,
der heute dient als Festtagsbraten
und wohl vorzüglich wird geraten.

Der Jäger ist nicht mehr im Wald,
weil nun das Christkind kommt schon bald.
Auch zog ein guter Rotwein ihn
an seinen heimischen Kamin.

Die Kinder, oder mehr die Enkel,
erklimmen unsres Jägers Schenkel,
der nun erzählt von seiner Pirsch
auf den genannten Festtagshirsch.

Er hat sich Zeit dafür genommen
bis endlich kann das Christkind kommen,
wo er wird unterm Christbaum hocken
samt grünen Hemden, grünen Socken.

So geht es nun schon Jahr für Jahr,
der Platz im Kleiderschrank wird rar.
Doch wissen wir das lange schon,
dass Jäger wahren Tradition.

So sieht's bei vielen Jägern aus:
Am ersten Tag ist man zu Haus,
was allerdings am zweiten Tag
man doch nicht mehr so gerne mag.

Am Nachmittag so um halb vier
fährt man mal „ganz kurz" ins Revier,
nimmt dabei noch zwei Freunde mit,
denn Skat spielt man ja stets zu dritt.

Und wenn man in der Hütte ist,
wird dort kein Weihnachtsbaum vermisst.
Man hat schon vorgesorgt ganz klug,
denn gegen'n Durst gibt's auch genug.

Kein Jäger singt nun „Stille Nacht",
man drischt den Skat, dass recht es kracht.
Daheim die Frauen wissen's schon,
all das zählt auch zur Tradition.

Und in der Zeit „zwischen den Jahren"
hört nicht nur's wilde Heer man fahren.
Dann ist - ich glaub' ihr wisst es schon -
die letzte Treibjagd Tradition.

Da siehst du Jäger, die dort jagen,
die neuen grünen Hemden tragen.
Nicht sind zu sehn die neuen Socken
tief in den Stiefeln, jetzt noch trocken.

Und bläst man dort dann „Hahn in Ruh",
sind für dies' Jahr die Hasen zu.
Doch bleibt die Flinte nicht im Schrank.
Es gibt noch Füchse - Gott sei Dank!

Ein Mensch und seine Freunde

In einem Dorf im Münsterland
hat man den Förster Franz gekannt
als Waidmann ohne Fehl und Tadel,
der Dienst dort tat beim hohen Adel.

Er hat das Wild sehr brav gehegt,
die Forsten waren gut gepflegt,
doch sage ich dazu noch offen:
Der Franz war häufig arg besoffen.

Drum sorgte sich sein Arbeitgeber
mit Recht wohl sehr um Franzens Leber,
bat er den Förster doch zeitlebens
um Mäßigung, jedoch vergebens.

Franz tat zwar brav stets seine Pflicht,
doch ließ er auch das Saufen nicht.
Als man ihn fand dann tot im Wald,
war er knapp 60 Jahre alt.

Er hatte weder Weib noch Kind,
doch man erfuhr dann sehr geschwind,
dass er, was auf Verwunderung stieß,
ein Testament doch hinterließ.

Das galt, man hätt' es können ahnen,
ausschließlich seinen Saufkumpanen.
Was diese erbten, viel war's nicht, ver-
band der Franz mit einer Pflicht.

Am Sonntag, so stand's aufgeschrieben,
da sollten immer seine Lieben,
nachdem sie'n Stammtisch dann verließen,
ein Schnäpschen auf sein Grab ihm gießen.

Und Gerd und Fritz, die das vernommen,
sind stets auch brav zum Grab gekommen.
Das lief so, wie ich es vernahm,
bis Fritz dann ein Gedanke kam.

Er sprach nun gleich zum Freunde Gerd:
„War uns der Franz auch lieb und wert,
wird er doch nichts dagegen haben,
dass wir uns an dem Schnaps erst laben.

Wir lassen alles, was wir saufen,
zunächst mal durch die Nieren laufen,
und wenn wir'n Schnaps gefiltert haben,
kann sich der Franz im Grab dran laben.

Er wird es ohnehin nicht merken,
wenn wir so seine Blumen stärken.
Nur können fortan wir im Hellen
uns nicht mehr an sein Grab dann stellen!"

Falls das der Franz hat mitgehört,
ist er dann drüber wohl empört?
Ich glaube, er wird hoch dort oben
Die Klugheit seiner Freunde loben!

Der Mensch und der Heilige Geist

(Zum Pfingstfest 2013)

Den Heiligen Geist kennt nur der Glaube.
Im Bilde sieht man ihn als Taube,
die stets den Kopf nach unten wendet
und lauter Feuerzungen sendet.

Darunter auf himmlischem Thron
sieht man Gott Vater mit dem Sohn,
hinunterblickend auf die Welt,
zu suchen, was die nun enthält.

Als Schöpfung war die gut gedacht,
doch was der Mensch daraus gemacht
in seinem wilden Größenwahn,
stand so wohl nicht im alten Plan!

Der Mensch saß brav auf seinem Land
bis er die Geldwirtschaft erfand.
Von da an war es nun hienieden to-
tal am Ende mit dem Frieden.

Es schaute schon in alter Zeit
der Mensch zum Nachbarn voller Neid,
der sich im Glanz der Leistung sonnte,
weil er's nicht selbst so haben konnte.

Zwar hätte er mit Fleiß und Kraft,
die Leistung sicher auch geschafft.
Doch macht' ihn echte Arbeit krank.
Er schuf sich leichte in der Bank.

Und unbemerkt vom Weltenlenker
entstand so der Investmentbanker.

98

Der Satan Gier gab ihm hier Rat
und trieb den Banker rasch zur Tat.

Er sprach, er sei ein Mensch von Ehre,
der schnell dem Nachbarn's Geld vermehre.
Es würd' bei ihm vor allen Dingen
nur riesige Gewinne bringen.

Leichtsinnig wurden viele Leute,
und den Erfolg sieht man noch heute.
Der Banker lebt frech im Palast,
wer echt malocht, verhungert fast.

Die Banker fanden noch ein Hobby.
Sie gründeten flink eine Lobby,
die sie mit dem Regime verband
nicht nur im deutschen Vaterland.

Es lebt sich wunderbar hoch droben,
und will der Arbeiter auch toben,
kommt er nie aus dem Jammertal,
denn dafür fehlt ihm's Kapital.

O Heilger Geist, schau Dir mal an,
ob man da noch was ändern kann!
Würd'st Du Dein Feuer anders lenken,
würd' mancher Mensch mehr Dank Dir schenken.

Es ginge, wie du lange weißt,
noch nie hier ohne Deinen Geist.
Den gib doch mal jeder Partei,
damit dies Elend geht vorbei!

Wenn Menschen in den Parlamenten
nicht Pfingsten jedes Jahr verpennten,

ging's besser uns in diesen Tagen!
Das solltest denen Du mal sagen!

Doch flieg dorthin nicht mehr als Taube,
denn diesen Leuten fehlt der Glaube.
Und lass das mit den Feuerzungen!
Das ist nur einmal Dir gelungen!

Heut musst Du via „Facebook" kommen,
sonst wirst Du hier nicht angenommen!
Es hilft auch nichts mit Pfingstgewittern.
Da solltest Du schon besser „twittern".

Mach Dich beim Kommen gleich bekannt.
Man kennt Dich kaum noch hier im Land!
Wo Dummheit stets die Menschen plagt,
ist GEIST nicht mehr so angesagt!

Der Mensch und die Uhr

Der Mensch hat einst die Uhr erfunden,
zu planen seine Lebensstunden,
bis dass der Tod die Zeiger mäht.
Dann ist's für jeden Plan zu spät!

Der Mensch und das Piercing

Piercing-verzierte Kerls und Frauen
sind nicht nur scheußlich anzuschauen,
es kann auch an Gewittertagen
bei ihnen schnell der Blitz einschlagen.

Man kann sie leicht - sie werden's spüren -
am Packsbändchen spazieren führen.
Nach Piercing erogener Zonen,
müssen sie die beim Beischlaf schonen.

Auch haben Ärzte schon verkündet,
dass sich ein Piercing gern entzündet.
Darunter müssen nicht nur leiden,
die sich fürs Piercing frei entscheiden.

Wenn'n Arzt behandelt, kostet's Geld
auch bei Verrückten in der Welt.
Nicht nur zum Wohl von Krankenkassen
sollt's Piercing man verbieten lassen!

Wer meint, dass es nicht ohne geht,
ist doch wohl doof und kein Ästet!
Mich wird er sowieso nie lieben,
denn ich hab' das hier ja geschrieben!

Der Mensch als Pillenschlucker

Es ist meiner Ärzte Wille,
dass ich täglich manche Pille
schlucke vor und nach dem Essen.
Niemals soll ich das vergessen!

Manche gibt 's, die kann der Magen
gar nicht oder schlecht vertragen.
Doch damit der gibt nun Ruh',
kommt ein Pillchen noch dazu.

Manches ist bei Schmerzen gut,
doch was es der Leber tut,
weiß der Arzt, dem ich vertrau',
manchmal auch nicht so genau.

Komm' ich nachts aus dem Revier
und hab' Durst auf Schnaps und Bier,
darf ich wegen all der Pillen
damit meinen Durst nicht stillen.

Pillen gibt 's für Rückenschmerzen
und Probleme mit dem Herzen.
Auch für Galle, Milz und Nieren
darf ich Pillen ausprobieren.

Zu den ganz beliebten Leuten
zählen mich die Pharmazeuten,
grüßen mich mit frohen Mienen,
weil sie gut an mir verdienen.

Und sie beten jede Nacht,
dass ein Englein mich bewacht,
denn, wenn ich bald ginge tot,
brächte sie das sehr in Not.

Soll ich Apotheken loben,
weil man manchmal mir schenkt Proben?
War 's nur, weil der Werbekram
langsam zu viel Platz weg nahm?

Hofft man dabei dort im Stillen,
dass ich kauf' noch viele Pillen,
die mich noch solventen Alten
und die Pharmazie erhalten?

Doch wo legt man mich wohl hin,
wenn ich doch gestorben bin?
Ob man es dann erst mal checkt,
was in mir an Pillen steckt?

Droht von dem, was in mir war,
dann dem Trinkwasser Gefahr?
Wäre es also vonnöten,
mich im Zinksarg einzulöten?

Dennoch hoffe ich im Stillen,
dass man trotz der vielen Pillen
mir ein ehrbar' Grab wird gönnen,
wo auch Pillen ruhen können.

Ein Mensch im Ruhestand

Für seine Zeit im Ruhestand
hatte er viel' Ideen.
Er wollte in so manchem Land
dann auf die Jagd noch gehen.

Wollt' schießen auf der Berge Gipfel
noch Gams und Murmeltier.
Der Auerhahn auf Baumes Wipfel
würd' zur Trophäenzier.

Er träumte gar vom Karibu
im fernen Kanada,
zählt Antilopen noch hinzu
wohl aus Namibia.

Die großen Elche dort in Schweden
die würde er erlegen.
Sogar vom Bären hört' man reden
ihn mutig und verwegen.

Der Pensionär hat nirgendwo
all dieses Wild gestreckt.
Mit seinen Enkeln hat im Zoo
er's wieder neu entdeckt.

Ein Mensch und das Jenseits

Der Pfarrer saß – an sich war's nett –
beim Jäger Sepp am Sterbebett.
Sepp sagte leise dem Pastor:
„Wenn Sankt Hubertus mich am Tor
vom Himmel dort nähm' in Empfang,
würd' mir nicht schwer mein letzter Gang.

Doch hab' an meinen letzten Tagen
ich immer noch so viele Fragen.
Gibt's droben nur die Harfenklänge
und von den Englein die Gesänge?
Oder trägt dort ein Bläserchor
mir Jagdhornklänge auch mal vor?

Muss ich dort in der Sonne schwitzen?
Kann ich im kühlen Wald mal sitzen

oder dort gehen auf die Pirsch
auf Auerhahn und Sau und Hirsch?
Oder soll ich vor allen Dingen
dort ständig „Hosianna!" singen?

Gibt's dort auch eine Gastwirtschaft,
wo man die Maß stemmt voller Kraft?
Krieg' Haxen ich da auch mit Kraut
wie bei der Wirtin Edeltraud,
wo wir nach jedem Schüsseltreiben
so gern bis in der Frühe bleiben?

Und was mir keine Ruhe lässt,
gibt's da auch ein Oktoberfest,
wo ich mit Franz und Waldemar
und andern Freunden so gern war?
Und muss ich nach den Erdenqualen
dort Maß und Hendl selbst bezahlen?

Gibt dort in seinem hohen Haus
der Herrgott auch mal einen aus?
Gar einen Enzian zur Maß?
Das wäre noch ein rechter Spaß!
Da blieb' ich gern ein Weilchen hocken,
täten auch Weibsleut' noch so locken.

Zum Weiberl gäb' es auch zu fragen:
Muss ich mich mit dem eignen plagen?
Gibt's gar ein neues – engelsgleich –
Da droben in dem Himmelreich,
das nicht so sehr schimpft auf die Jagd
wie Lies, die mir nicht so behagt?

Und ist man droben mal besoffen,
kann man da dann auf Gnade hoffen?
Wird man vom Weib, das ungezügelt,
da droben dann nicht mehr verprügelt?
Oder wird man nun auf die Schnelle
dort dann auch wieder Junggeselle?"

Der Pfarrer – Gott sei es geklagt –
ist damit völlig überfragt!
Es trösten Sepp nicht dessen Worte
und Sprüche altbekannter Sorte.
Da schimpft ihn Sepp: „Genau genommen,
wärn S' besser gar nicht hergekommen!"

Ein Mensch im Suff

Der Trunkenbold, hab' ich vernommen,
ist blau daheim nicht sehr willkommen.
Und weil sein Weib den Suff nicht mag,
trifft ihn daheim dann oft der Schlag.

Ein Mensch und sein Sonntagsausflug

Mit der grünen Limousine,
einem schon betagten Diesel,
fährt am Sonntag zur Kusine
Bauer Josef samt Frau Liesel.

Er muss nun vor allen Dingen
und soweit's beim Fahren geht,
an der Straße Richtung Lingen,
sehn, was auf den Feldern steht.

Und schon ganz kurz hinter Rheine,
was er gleich zu rügen weiß,
sieht er eine nicht zu kleine
Fläche, wo schlecht wächst der Mais.

Er erklärt das seiner Liesel,
regt sich dabei richtig auf,
nur noch sechzig fährt sein Diesel
und ein Auto fast ihm drauf.

Doch das macht ihn gar nicht bange,
weil er's ja nicht eilig hat.
Hinter ihm die Autoschlange
reicht zurück bis in die Stadt.

Josef kann das gar nicht sehen,
weil er nie in'n Spiegel schaut,
und er kann den nicht verstehen,
der nun auf die Hupe haut.

Überholen kann ihn keiner,
denn zu dicht ist der Verkehr.

Doch dann hupt schon wieder einer,
und das stört den Josef sehr.

Und wie stets in solchem Falle
bei der Sonntagsbummelei,
ruft er laut: „Ihr könnt mich alle!
Was soll denn die Raserei?"

Es gibt noch so manchen Acker,
den der Josef sich beschaut,
und er nörgelt weiter wacker,
wovon Liesel nicht erbaut.

Und in Lingen angekommen
auf dem Hof mit vielen Rindern,
hat sich Liesel vorgenommen:
„nächstens bleib' ich bei den Kindern!"

Josef, unser guter Bauer,
der da sonntags so gefahren,
ignoriert, dass Leute sauer,
die auf seiner Strecke waren.

Dennoch haben diese Glück,
Josefs Sonntagsplan lässt's hoffen.
Nächstens geht's nach Osnabrück.
Da sind andere betroffen.

Der Mensch und die Quizshows

Quizshows sind 'ne Offenbarung,
denn es macht dort die Erfahrung
mancher, der sich wähnt als Greis,
dass er noch verdammt viel weiß.

Würd' man ihn nach Popstars fragen,
würde er zwar wohl versagen,
und er hat nicht viel im Sinn
mit dem, was im Film „ist in".

Doch, wenn's um Geschichte ginge
oder erdkundliche Dinge,

oder um Literatur,
schöpft' er aus dem Vollen nur.

Auch bei Pflanzen und bei Tieren,
würde er sich sehr genieren,
wenn sein Wissen wäre heute
wie das mancher jungen Leute.

Er staunt, wie man da erzählt,
was man habe „abgewählt"
und zu sagen ist bereit:
„Das war doch vor meiner Zeit!"

Bildung, die sehr allgemein,
muss wohl aus der Mode sein.
So hätt' einst in deutschen Landen
niemand's Abitur bestanden.

In den Quizshows sitzen heute
aber oft studierte Leute,
die bei allgemeinen Fragen welt-
fremd sind und voll versagen.

Da ist man doch sehr erschrocken
über die, die da so hocken,
und man fragt sich: „Mensch, wie kamen
die denn wohl an ihr Examen?"

Ein Mensch ohne Klo

Denk dir, du lebtest irgendwo
auf der Erde ohne Klo,
und du fürchtest schon beim Kauen
voller Grauen dein Verdauen.

Lässt du es dir jetzt auch schmecken,
musst du später dich verstecken,
um dort von den guten Dingen
alles hinter dich zu bringen.

Doch es tat in bunten Bildern
Maler Breughel dir schon schildern,
wie vor vielen, vielen Jahren
die Probleme keine waren.

Hinter Hecken oder Mauern
sieht man dort die Leute kauern.
Doch du selbst wärst heut' nicht froh
mit 'nem Leben ohne Klo.

Der Mensch in Wind und Wasser

Der Wind treibt Mühlenflügel an,
damit der Müller mahlen kann.

Und wird der Wind zum starken Sturm,
wirft er den Hahn von seinem Turm.

Und wird der Wind dann zum Orkan,
wirft er ans Ufer deinen Kahn.

Und wird der Wind mal zum Tornado,
wünsch' ihn weit weg nach Colorado.

Und spielt der Wind mit hohen Wellen,
sollst du dich nicht ins Wasser stellen.

Und spielt der Wind mit Baum und Ästen,
bleibst du zu Hause wohl am besten.

Braust Wind durch deine Lokustür,
dann kann die Tür doch nichts dafür.

Riechst du den Wind aus deiner Hose,
dann ist das nicht der Duft der Rose.

Isst du viel Zwiebeln, Bohnen, Lauch,
strömt warmer Wind aus deinem Bauch.

Mit Knoblauch ausgehauchter Wind,
schafft Nachbarn dir vom Hals geschwind.

Bei Flaute, wenn der Wind nicht will,
pup selber einen, aber still.

Das Kind vom Wind, die sanfte Brise,
bringt Gülleduft von Landwirts Wiese.

Das Kind der Brise ist der Hauch,
doch der stinkt leider dann wohl auch. - -

Den Wert des Wassers schnell erkennt,
wer ohne durch die Wüste rennt.

Dem Wasser, das steht bis zum Hals,
fehlt Hopfen meistens und auch Malz.

Sitzt du bei Wasser und bei Brot,
so iss auch dies, sonst gehst du tot.

Pass auf, wenn in den See du fällst,
dass du dich über Wasser hältst.

Kannst du wem nicht das Wasser reichen,
versuch mit Wein ihn zu erreichen.

Wer dir das Wasser will abgraben,
den brauchst du nicht mehr lieb zu haben.

Am Zaun schlag's Wasser ab, mein Kind,
nur wenn da keine Leute sind.

Läuft es zusammen dir im Mund,
ist auch das Wasser noch gesund.

Läuft's Wasser nicht bei dir im Bade,
dann bleibst du schmutzig, das ist schade.

Wer nah am Wasser baut' sein Haus,
der bricht sehr leicht in Tränen aus.

Wird's Ehepaar Wasser und Feuer,
dann naht die Scheidung. Das wird teuer.

Kommt Wasser in den Grog zu viel,
erreicht der Trinker nicht sein Ziel.

Gießt man dir Wasser in den Wein,
dann lass das Trinken lieber sein.

Das Weihwasser im Kirchenraum,
das eignet sich zum Trinken kaum.

Kommt's Wasser stark als Regen runter,
dann bleib daheim und dichte munter.

Der Mensch am Stammtisch

„Friss dich voll und sauf dich dick
Und halt das Maul von Politik!"
Wer diesen alten Spruch ausspricht,
kennt wohl den deutschen Stammtisch nicht.

Da ist die Politik im Schwange,
dass manchem wird beim Zuhör'n bange.

Ein jeder der da debattiert,
weiß, wie viel besser man regiert.

Der eine sagt, mit dem Sozialen
da könnte keiner heut' mehr prahlen.
Der andre weiß, man müsst' seit Jahren
bei den Sozialleistungen sparen.

Es würd' mehr schaden uns als nützen,
das faule Pack zu unterstützen.
Auch's Geld für manches Frauenhaus
das würfe man zum Fenster raus.

Die Bundeswehr, kund einer tat,
wär' viel zu teuer für den Staat.
Darauf ein andrer kontert klug,
für die gäb's gar nicht Geld genug.

Meint einer, man tät' für Kultur
in uns'rem Land ganz wenig nur,
hört man auch, dass da für „den Mist"
das gute Geld zu schade ist.

Asylbewerber abzuschieben,
die viel zu lang' im Lande blieben,
schlägt auch ein Stammtischbruder vor.
Und dem leiht man dort gern sein Ohr.

Mehr Polizisten braucht das Land,
gibt einer nun auch noch bekannt.
„Das fehlte noch!" drauf einer zischte,
den man mit zwei Promille erwischte.

Beobachter hier hörten schon
an manchem Tag die Diskussion.
Doch konnten sie dort auch erfahren,
worin sich alle einig waren.

Der Staat sei schlicht ein Ungeheuer
wegen der viel zu hohen Steuer,
verkündet täglich man empört.
Wenn ihr's nicht glaubt, geht hin und hört.

Der Mensch im Advent

Es schleppt in der Vorweihnachtszeit
der Mensch Geschenke meilenweit.
Sehr viel wird dann gleich umgetauscht,
hab' ich Beschenkten abgelauscht.

Ein Mensch ohne Wintersport

Darauf geb' ich dir hier mein Wort:
Ich fahr' nicht in den Wintersport.
Hat man die Piste dort erreicht,
bricht man die Knochen sich zu leicht.

Und außerdem lernt' ich noch nie
den Umgang mit dem langen Ski,
verstehe auch nicht „Snow zu boarden",
drum bleib' ich lieber hier im Norden.

Ich fasse sitzend auf dem Schlitten
nicht Helga...die würd's sich verbitten,
und flirte nicht beim Après-Ski
mit den Skihaserln vis-à-vis.

Denn meine Braut die Edeltraut,
würd' nach dem Jagertee sehr laut,
und weil sie stets dazwischen quasselt,
hätt' sie mir eh die Tour vermasselt.

Die Seilbahn scheint, auch wenn sie neuer,
mir Furcht erregend und zu teuer.
Das Schneebrett reagiert empört
und rauscht zu Tal, wenn man es stört.

Hoch droben ist es mordsgefährlich,
das sagt euch jeder, wenn er ehrlich.
Da landen manchmal die Blondinen
anstatt im Bett unter Lawinen.

Auch ist der Sex beim Wintersport
ganz blöd, man merkt's nur nicht sofort.

Doch nach dem Lustspiel dort im Schnee
tun dir dann alle Glieder weh.

Drum geb' ich dir erneut mein Wort:
Ich leb' gern ohne Wintersport.
Ich geh' auch nicht, selbst wenn's mir heiß,
daheim wie'n Esel gern aufs Eis.

Doch will ich's meinen Enkeln gönnen,
dass sie mit mir rechnen können,
wenn's mal geht ums Schneemann bauen.
Ja, die werden dann schön schauen!

Der Mensch als Parteifreund

„Parteifreund" sagt man, bös gemeint,
sei wohl die Steigerung von „Feind".
Wie wahr das ist, zeigt oft die Hatz
nach einem guten Listenplatz.

Der Mensch und die Klaviermusik

Nachmittags so kurz nach vier
höre ich seit Tagen hier
wie die Lisa spielt Klavier.

Sie muss sicher noch viel üben,
denn was da so klingt von drüben,
kann die Stimmung mir nur trüben.

Wenn da Lisas Finger hasten
über weiß' und schwarze Tasten,
geht das sehr zu meinen Lasten.

Gerne gönnt' ich ihr von Herzen
ihre Quinten, ihre Terzen,
aber meine Ohren schmerzen.

Töne schallen unverdrossen,
und ich wird' damit beschossen
durch die Fenster, die verschlossen.

Manchmal spielt sie scheinbar Bach,
doch bei ihr klingt's nur wie Krach
und macht meine Nerven schwach.

Auch mit Mozart, Brahms und Grieg
führt auf dem Klavier sie Krieg
und erringt nicht einen Sieg.

Bald halt' ich das nicht mehr aus,
dann stell' ich vor Lisas Haus
den versoffnen Bläser Klaus.

Der bläst für 'ne Flasche Korn Mel-
odien auf dem Horn,
mal von hinten, mal von vorn.

Kommt dann bald die Polizei
wegen diesem Lärm vorbei,
stoppt sie, hoff' ich, alle zwei.

Wagt sich morgen kurz nach vier Li-
sa wieder ans Klavier,
droh' ich gleich mit Klaus bei ihr.

Bläst der für die Flasche Korn
wieder laut auf seinem Horn,
hat sie diese Schlacht verlor'n.

Was ich dann genießen tue
mit Musik aus meiner Truhe,
denn vor Lisa hab' ich Ruhe.

Die wird niemals Pianistin,
schult gar um nun auf Altistin
oder besser auf Statistin?

Das ist mir ganz piepegal,
denn fürs Ende meiner Qual
lass ich ihr die freie Wahl.

Ein Mensch im Bahnhof

Ein Mensch, der keinen Zug gebucht'
und nur im Bahnhof Zuflucht sucht,
hat keine Chance, dort lang' zu bleiben.
Man wird ihn schon sehr bald vertreiben.

Ein Mensch aus dem Ruhrgebiet

Ich bin die hübsche Adelheid
und wäre gern Miss Wattenscheid.
Vielleicht würd' Dieter Bohlen
mich dann gleich zu sich holen.

Ich würd' vielleicht auch treu ihm bleiben
Und über ihn nichts Böses schreiben.
Er machte mich zum Superstar,
und alles würde wunderbar.

Wär' ich erst mal Miss Wattenscheid,
ständ' gleich ein Regisseur bereit,
gäb' mir im Film 'ne tolle
und riesengroße Rolle.

Ich würd' bei „Wetten, dass .. " dann singen,
der Playboy würde mich groß bringen,
und alle Blätter würden streiten
um mich für ihre Titelseiten.

Ich brauchte nicht mal Silikon,
denn Oberweite hab' ich schon,
und auch mein runder Po
macht schon beim Anblick froh.

In Hollywood käm' ich groß raus,
hätt' in Las Vegas auch ein Haus,
ließ dort die weißen Tiger springen,
und Carpendale müsst' für mich singen.

Doch bin ich hübsche Adelheid
noch Kellnerin in Wattenscheid,

und seit ich lebe in der Stadt,
fand hier nie eine Misswahl statt.

Ich hab' zwar einen runden Po,
doch der macht nur die Kerls hier froh,
weil diese alten Pfeifen
darein so gerne kneifen.

Ich bin zurzeit hier ganz allein,
man darf ja auch mal Single sein.
Und Kerls wie Dieter Bohlen,
die soll der Teufel holen.

Sagt nur nichts gegen Wattenscheid,
denn bis nach Bochum ist's nicht weit.
Auch dürft ihr's nicht vergessen,
ganz nahebei liegt Essen.

Ich kann sehr gut nach Oberhausen
mit unsrer schnellen S-Bahn brausen,
und selbst das schöne Herne
liegt nicht in weiter Ferne.

Nach Dortmund geht's zum BVB,
weil ich gern guten Fußball seh'.
In Gelsenkirchen ist ein Zoo,
der macht nicht nur die Kinder froh.

Wir Leute hier im Tal der Ruhr
sind auch nicht dämlich oder stur.
Und wenn was gut ist „is dat wat",
drum waren wir Kulturhauptstadt!

Ich möchte nicht nach Osnabrück,
da hätte ich bestimmt kein Glück,
und was, um alles in der Welt,
soll ich weit weg in Bielefeld.

Man liebt mich hübsche Adelheid
ganz ehrlich nur in Wattenscheid,
weil jeder nur in dieser Stadt
sein Herz am rechten Flecke hat.

Drum lieb' ich dich, mein Wattenscheid!
Und alles andre weit und breit,
samt Köln und Wuppertal
ist mir total egal!

Der Mensch am Geburtstag

Du liegst noch in Morpheus' Armen
und es läutet ohn' Erbarmen
am Geburtstagsmorgen schon
dein verdammtes Telefon.

Und willst du dann grad' zum Duschen
eben in dein Bad mal huschen,
kommt vom Blumenhaus ein Mann
schon an deiner Haustür an.

Du kannst keine Ruhe finden,
denn auch beim Krawatte binden
läutet's Telefon noch mal
und verschafft dir neue Qual.

Dann stell'n an der Tür sich ein
Gratulanten vom Verein,
die dir ihren Glückwunsch bringen
und ein Liedchen für dich singen.

Kaum ist der Verein gegangen,
musst du Nachbarn schon empfangen,
die dir's Glück ins Haus nun bringen
und natürlich auch noch singen.

Wenn die Abendgäste kommen,
siehst du sie nur noch verschwommen,
denn du musstest ständig trinken,
würdest gern ins Bett nun sinken.

Doch es ist ja erst knapp acht,
und bis weit nach Mitternacht
werden Gäste bei dir bleiben
und mit dir ihr Spielchen treiben.

All das musst du so erleiden,
und du schwörst mit heil'gen Eiden:
Nächstes Jahr fahr ich weit fort
an einen geheimen Ort.

Der Mensch und das Schützenfest

Gefegt sind alle Bürgersteige,
geschnitten grad' der Hecken Zweige,
die Fahnen hängen schon vorm Haus,
das ganze Dorf sieht festlich aus.

Das Schützenfest steht vor der Tür,
da schmückt sich nicht nur's Dorf dafür.
Die Damen sah man auch schon hocken
im „Hairdressshop" für neue Locken.

Noch sitzt der „Vogel" auf der Stange,
doch dauert es nicht allzu lange
bis dass er auseinander fliegt
und's letzte Stück am Boden liegt.

Der König kriegt die Königskette,
die mancher Schütze auch gern hätte.
Doch das verschlingt dann sehr viel Geld,
auf das die Frau ein Auge hält.

Sie selbst braucht nämlich zu der Zeit
für'n Schützenball ein Abendkleid.
Da sitzen dann für ihren Mann
die Königskosten nicht mehr dran.

Doch bleibt für alle Zeiten wahr,
den König gibt es jedes Jahr,
selbst wenn er nach dem „goldnen Schuss"
einen Kredit aufnehmen muss.

Die Stimmung lässt sich nicht verwässern,
das Bier fließt reichlich aus den Fässern,
wovon dann Schnorrer so lang' trinken,
bis dass sie voll zu Boden sinken.

Am nächsten Tag ist Ball im Zelt,
da zeigt ganz stolz die Damenwelt
dem Dorfe lauter neue Roben,
und deren Vielfalt ist zu loben.

Doch fallen dort im Festverlauf
ganz sicher auch die Damen auf,
die es bei diesem Fest noch wagen,
ein Kleid zum zweiten Mal zu tragen.

Bei Männer gilt nicht dieser Brauch,
und sprengt die Jacke nicht der Bauch,
trägt man den Anzug viele Jahr',
der einst wohl auch modern noch war.

Die Patina wird akzeptiert,
die Brust mit Orden dekoriert,
und über'n Glanz vom Speck am Kragen,
da wagt hier niemand was zu sagen.

Auch speckig ist der Schützenhut,
doch passt er noch nach Jahren gut.
Er ist aus Filz oder aus Loden
und fiel schon manches Mal zu Boden.

Dem Schützen ist das einerlei,
doch's Schützenfest geht schnell vorbei.
Auch hier bleibt leider immer wahr,
man feiert's einmal nur im Jahr.

Ein Mensch in der Halbzeit

Halbzeit hat das Länderspiel
und ins Haus kommt wieder Leben.
Vater hat jetzt nur ein Ziel,
man sieht zum WC ihn streben.

Doch ging da grad' Mutter rein,
die von Halbzeit nichts gewusst,
Vater findet das gemein
und nennt Mutter nun „bestusst".

Und da Vater sehr in Eile,
rennt er nun ganz schnell zum Bad,
das jedoch schon eine Weile
sich der Sohn gekapert hat.

Vater läuft zur Gartenhecke
unter einen dicken Strauch,
doch kommt da grad' um die Ecke
nun sein lieber Nachbar auch.

Weil jedoch beim Urinieren,
zum Beospiel im Wirtshausklo,
Männer sich nicht sehr genieren,
pinkeln da nun beide froh.

Über's Spiel spricht man da klug,
das nun grade Halbzeit hat,
und zu nörgeln gibt's genug
über Fehler mehr als satt.

Doch es ist viel Zeit vergangen
bei der Männer Nörgelei,
und es hat schon angefangen
von dem Spiel die Halbzeit zwei.

Vater führt ein Weg, ein schneller,
noch zum Kühlschrank, das muss sein,
und den Nachbarn in den Keller.
Dann tritt wieder Ruhe ein.

Frei sind wieder Klo und Bad.
Vater ist das einerlei,
weil er dafür Zeit erst hat
nach der „Halbzeit Nummer Zwei".

Doch er bleibt nicht ungeschoren,
erfahr ich dazu grad' jetzt,
„seine Mannschaft" hat verloren,
und's Klo ist dann erneut besetzt.

Die Menschen und Hippokrates

Hippokrates aus Griechenland
ist heute manchem noch bekannt.
Er schwor einst den berühmten Eid,
der auch noch gilt in unsrer Zeit.

Durch ihn ist jeder Arzt verpflichtet,
dass er nur Dinge stets verrichtet,
die dem Patienten gut bekommen.
Das wird heut' oft nicht ernst genommen.

Wo Krankenkassen sich heut' regen,
und zwar die von Gesetzes wegen,
wird wohl mit Leistungen geprahlt,
doch viel zu wenig auch bezahlt.

Denn zu dem Thema sagen heute
Politiker und Kassenleute,
die wohl noch nie Patienten waren:
„Der Arzt soll mit der Zeit stets sparen!"

Da muss der Doktor sich stets sputen,
hat pro Patient knapp fünf Minuten
fürs Blutdruckmessen, Ultraschall
und was er sonst braucht für den Fall.

Der Arzt darf keineswegs dann jeden
Tag lange mit Patienten reden,
weil, wenn er nicht stets eilt und hastet,
das Krankenkassen arg belastet.

Auch soll der Arzt sich nicht genieren,
für diese Kassen zu kassieren.
Wie's um die Kranken ist bestellt,
ist ganz egal, erst mal kommt's Geld.

Zwar kann sich in privaten Kassen
der Mensch auch wohl versichern lassen.
Doch leider können sich die meisten
Mitbürger diesen „Spaß" nicht leisten.

Hippokrates, der's nicht versteht,
sich ständig nun im Grabe dreht.
Doch leider hat vergessen ihn
auch die Regierung in Berlin!

Ein Mensch im Krankenhaus

Ein Mensch geht in das Krankenhaus
wohl meistens nicht freiwillig!
Er lebt dort nie in Saus und Braus
und keineswegs sehr billig!

Er merkt da aber auch sehr schnell:
Hier hab' ich nichts zu sagen!
Dies Haus ist leider kein Hotel.
Hier muss ich viel ertragen!

Das Zimmer hab' ich nicht allein,
ich kann's auch nicht verschließen!
Ein jeder darf hier raus und rein,
und sollt's mich auch verdrießen!

Und wenn ich mittags schlafen will,
bekomm' ich keine Ruh.
Mein Bettnachbar ist da nicht still,
er stört mich immerzu!

Er hat Besuch von zwölf bis drei
und spät bis in die Nacht.
Die ganze Sippe strömt herbei,
und stets wird Lärm gemacht.

„Besuchszeit" gab es früher mal
in längst vergang'ner Zeit.
Doch aus „unfreiem Jammertal"
hat man uns ja befreit!

Heut' lebt der Mensch da gänzlich frei,
lebt individuell!
Die Rücksichtnahme ist vorbei!
Der Patient spürt's schnell!

Das Krankenhaus macht nicht gesund,
weil da der Blutdruck steigt.
Der „Heilungsmotor" läuft nicht rund!
Das hat sich oft gezeigt!

Was dem Patienten wäre lieb,
ist oft so nicht zu spüren.
Das Krankenhaus muss als Betrieb
auch zu Gewinnen führen.

Da läuft nicht alles „artgerecht"
in der Betriebsgestaltung!
Da geht's dem Kranken oft nur schlecht
bei der „Patientenhaltung"!

Der Mensch ist hier kein „Massentier"
wie in der Landwirtschaft!
Kein Schutzrecht schützt Patienten hier,
kein Lobbyist zeigt Kraft!

Drum hat der Mensch im Krankenhaus
nur eines fest im Sinn:
Ich will hier ganz schnell wieder raus
und nie da wieder hin!

Ein Mensch und die Werbung

Ob ich mich drüber freuen soll?
Mein Briefkasten ist täglich voll.
Doch weil der Inhalt nicht beglückt,
bin ich nun keineswegs entzückt.

Auf manchem Brief steht zwar mein Name,
doch drinnen find' ich nur Reklame
von Firmen, die ich weder kenne,
noch gar als Favorit je nenne.

Man tut mir täglich wieder kund,
ich hätte nunmehr guten Grund,
mich übers Angebot zu freuen
und würde keinen Kauf bereuen.

Ein Teppichhändler meiner Stadt,
der mir schon oft geschrieben hat,
er müsse schnell sein Lager räumen,
lädt ein, kein Schnäppchen zu versäumen.

Auch wirbt man oft für Wohlgerüche,
sowie für eine neue Küche,
für Pfannen, Töpfe, Tassen, Teller
und neuen Wein für meinen Keller.

All diese Werbung wandert hier als-
bald bei mir zum Altpapier.
Das Ganze bringt mich fast in Wut,
doch wär' das für mein Herz nicht gut.

Und außerdem denk' ich daran,
dass die Reklame nährt den Mann,
der täglich bringt die Post ins Haus.
Sonst säh's für den auch traurig aus.

Denn Arbeitslose gibt's genug,
sagt auch mein Nachbar immer klug,
wenn wir vom Altpapier die vollen
Mülltonnen an die Straße rollen.

Die Werbung, die wir so entsorgen,
kommt, irgendwann nach übermorgen,
zu uns zurück in kleinen Rollen,
die hintenrum uns nützen sollen.

Ein Mensch wie einst Diogenes

Es gab mal einen Philosophen,
der konnte ohne Strom und Ofen
nur so in einer Tonne pofen.

Er lebte nur aus Spaß
in seinem großen Fass
und sprach: „So reicht mir das!"

Das Leben in der Tonne
unter griechischer Sonne
genoss er voller Wonne.

Versuchtest du das hier im Wald,
dann wär's dir da schon bald zu kalt,
und auch die Polizei käm' bald.

Die sagte dir sofort ganz schlau,
verboten wäre dort dein Bau,
das wisse sie verdammt genau.

Es ständ' im Flächennutzungsplan
hier die Fabrik für Lebertran
mit Anschluss an die Eisenbahn.

Du dürftest dort nicht
bleiben. Man würde dich ver-
treiben mit sehr amtlichen
Schreiben.

Man schickt' dir auch 'ne SMS,
durch die man dir bewiese es,
dass du nicht bist Diogenes.

Du bist nicht jener Philosoph!
Willst du ein Bett im Fass, dann pof viel-
leicht in einem Hinterhof!

Es wird, nun sieh es mit Verstand,
in einem ordentlichen Land
dein Fass aus jedem Wald verbannt.

Selbst wenn dir das so nicht behagt,
ist hier, das sei nochmal gesagt,
kein Philosoph im Fass gefragt.

In unserer Bürokratie
geht es nun mal so gut nie
um Fragen der Philosophie.

Der Mensch und seine Wesenszüge

Mancher Mensch hat seine Macken,
mancher gar den Schalk im Nacken,
manchem fehlt es an Humor.
Letzteres kommt häufig vor.

Mancher ist schwer zu behandeln,
mit dem lohnt's nicht anzubandeln,
mancher oft gerät in Wut,
da sei besser auf der Hut.

Mancher rührt sich nicht vom Fleck,
mancher suhlt sich gern im Dreck,
mancher liebt nur sich allein,
der kann dann dein Freund nicht sein.

Mancher hält sich so bedeckt,
dass man nichts an ihm entdeckt.
So was mag ich nicht gern leiden,
solche Typen möcht' ich meiden.

Doch was würde ich nun sagen,
müsst' ich mich mal selber fragen?
Da weiß ich die Antwort schnell:
Ich bin individuell!

Mensch und Unkraut

Ein Pflänzlein, für Salat geeignet,
wird oft als „Unkraut" nur bezeichnet.
Und manchmal kommt so'n „Gartenfritze"
dann gleich mit Gift und Gartenspritze.

Ein Mensch im März
(neuer Text zu „Im Märzen der Bauer")

Im Märzen der Bauer den Traktor anspannt,
er fährt fröhlich pfeifend die Gülle aufs Land.
Sein Güllebehälter war wieder randvoll,
nun wird er das Zeug los, das freut ihn ganz toll!

Die Gülle verbreitet gar üblen Gestank,
doch das macht den Boden noch lange nicht krank,
der Acker wird's schlucken, wie's der Bauer weiß,
es ist ja Natur nur, nur Pisse und Scheiß'.

Und läuft von der Gülle auch was in den Bach,
macht das unserm Bauern die Nerven nicht schwach.
„Das stört nicht die Umwelt", so spricht er ganz klug,
„der Bach hat noch sauberes Wasser genug!

Und falls diese Gülle auch Schadstoff enthält,
und wenn's auch dem Acker auf Dauer missfällt,
wird er's doch verkraften wie schon viele Jahr',
und dass er sich rächt, ist wohl keine Gefahr!"

So nimmt unser Bauer, nicht nur jetzt im Märzen,
Probleme der Gülle sich nicht so zu Herzen.
Wozu wär' denn sonst diese Gülle vorhanden,
sie kann doch nur auf seinen Feldern noch landen.

Und kommt von der Arbeit der Bauer nach Haus,
dann wirft ihn die Bäurin schnell wieder hinaus.
Er stinkt so nach Gülle, das nimmt sie ihm krumm,
sie jagt in den Stall ihn, dort zieht er sich um.

Im Märzen der Bauer den Traktor anspannt
und fährt, wie so oft, seine Gülle aufs Land.
Wie lang' geht's so weiter, das möcht' ich gern wissen?
Ich könnt' dieses Gülletheater gut missen!

Der Mensch und sein Schutzpatron
(Gedanken zu „Allerheiligen)

Schön ist es, wenn für alle Fälle
ein Schutzpatron ist stets zur Stelle.
Da sollen sich heut' hier beteiligen
vom Himmel hoch nun alle Heiligen.

Bei Katholiken aller Länder
gibt's Platz für sie schon im Kalender.
Doch heut' lässt man sich's nicht verwehren,
sie allesamt noch mal zu ehren.

Ob's hilft, kann man nie wirklich wissen,
doch niemand möcht' das Fest heut' missen.
An erster Stelle all die Leute,
die nicht zur Arbeit müssen heute.

Die Heiligen sind lange schon
bei uns im Dienst als Schutzpatron,
damit sie allen Menschen nützen
und sie vor aller Unbill schützen.

So glaubt man, dass Sankt Florian,
dein Haus vor Brand bewahren kann.
Noch besser ist für solche Zwecke
ein Rauchmelder unter der Decke.

Auf Brücken schützt uns vor Gefahr
Sankt Nepomuk schon viele Jahr',
doch wenn man den in Anspruch nimmt,
hilft's nur, wenn auch die Statik stimmt.

Man sah dereinst an allen Tagen
Christophorus in jedem Wagen.
Doch trat nun für den Fall der Fälle
der Airbag wohl an seine Stelle.

Doch sieht das beim Sankt Nikolaus
weltweit schon wieder anders aus.
Der ist noch vielerorts begehrt.
Wer weiß, wann der sich da mal wehrt.

Sein Festtag ist zwar im Dezember,
doch findet man ihn ab September
als Witzfigur aus Schokolade
in jedem Laden. Das ist schade.

Sieht aus, wie'n „Coca-Cola-Mann",
der eigentlich nicht fromm sein kann!
Als Bischof ist er nicht gekleidet.
Ich fürchte, dass er drunter leidet.

Sankt Petrus ist noch schlechter dran.
Den Fischern helfen soll der Mann,
Rom und das Himmelstor bewachen
und uns richtiges Wetter machen.

Dass da der Mensch vergebens hofft,
das merkt er leider all zu oft.
Da wäre es doch zu verstehen,
würd' Petrus bald in Rente gehen.

Sankt Martin hat's heut' nicht so schwer.
Man braucht ihn häufig schon nicht mehr.
Es tritt dank einer Modewelle
oft Halloween an seine Stelle.

Ob das dem Martin gut gefällt,
das sei nun mal dahingestellt.
Für Gänse wären's gute Taten,
wenn's Kürbis gäb' statt Gänsebraten.

Sankt Leonhard, Schutzherr fürs Vieh,
hilft Bauern selten oder nie,
wenn sie mit Hilfe vieler Pillen
des Menschen Drang zum Fleische stillen.

Sankt Hubert, einst der Jäger Zier,
traut sich heut' kaum noch ins Revier.
Denn wo „Naturschützer" regieren,
kann er doch kaum noch was riskieren.

Sankt Georg, Schutzpatron der Reiter,
kommt auch hier bei uns kaum noch weiter.
Er muss zu oft beim Esel ran,
der mit 'nem Pferd nicht umgehn kann.

Antonius würd' wohl gern fluchen.
Er soll Verlorenes uns suchen.
Das wird zu viel auch hierzuland',
zu oft verliert man den Verstand!

Soll's gut im Garten dir gelingen,
rufst du die Hildegard von Bingen.
Doch bei viel Missbrauch von Chemie
hilft sie bei deinem Tun hier nie.

Sankt Barbara, die arme wollen Ber-
gleute holen in den Stollen.
Doch stoppt man hier die Subvention,
braucht man auch keinen Schutzpatron.

Es passte zur Artillerie
Sankt Barbara gewiss noch nie.
Damit soll man sie doch verschonen,
sie passt nun mal nicht auf Kanonen!

Ihr seht, dass zum Schutzpatronat
steht mancher wohl nicht mehr parat.
Statt zu erflehen seinen Segen,
solltet ihr selber Hand anlegen!

Auch hilft euch beim Jüngsten Gericht
ein Heiliger als Anwalt nicht.
Sucht euer Heil in guten Taten!
Sonst müsst ihr in der Hölle braten!

Menschen und ihr Straßenfest

Seit dem Straßenfest im Mai
ist der Frieden hier vorbei.
Den hat in der Nachbarschaft
dieses Fest dahingerafft.

Mittags noch beim Würstchenessen
hat man friedlich da gesessen,
auch noch bei der Sahnetorte
blieb's gemütlich hier am Orte.

Als man's Fett hinunterspülte
mit dem Schnaps, den man gut kühlte,
dass er dienen sollt' dem Magen,
konnt' das mancher nicht vertragen.

Es blieb nicht beim Schnaps allein,
reichlich gab's auch Bier und Wein,
Sekt, Likör und manches mehr,
und kein Glas blieb lange leer.

Ständig wurde nachgegossen,
neue Freundschaften geschlossen,
und beim Trinken dann auf's Du
kam die Knutscherei dazu.

Dabei hat der Eduard
aus dem Pfarrgemeinderat
Evas Bluse aufgemacht.
Und da hat's auch gleich gekracht!

Günter, das war Evas Mann,
griff den Eduard gleich an,
warf ihn in die Würstchenbude
vor die Füße von Gertrude.

Die war dann auch gar nicht bange,
und mit ihrer Bratwurstzange
kriegte Günter einen Schlag,
dass er gleich am Boden lag.

Das war Eva nun zu viel,
sie nahm Trude sich zum Ziel,
warf den Currysoßentopf
dieser Dame an den Kopf.

Leopold vom Turnverein misch-
te sich zum Schlichten ein, doch
begriff das Jochen nicht und
goss Bier ihm ins Gesicht.

Das nahm Kurt dem Jochen krumm,
und er haut den auch gleich um,
was den Karl gleich dazu brachte,
dass den Kurt er knockout machte.

Nun schlug Kurts Frau Marianne
Karl mit ihrer Eisenpfanne
samt dem Rest von Bratkartoffeln.
Da fiel Karl aus den Pantoffeln.

Darauf stürzt' Karls Frau Susanne
wütend sich auf Marianne,
der sie'n Büschel Haar' ausriss
und noch in die Schulter biss.

Bei der Massenkeilerei
lief dann noch mehr Volk herbei,
das sich, wo es sah Bedarf,
mutig in den Kampf rein warf.

So hatte nach kurzer Zeit
jeder Mensch mit jedem Streit.
Man ließ flink die Fäuste fliegen,
nur Vernunft konnt' da nicht siegen!

Der Pastor sah seine Pflichten,
doch er konnt' den Streit nicht schlichten.
Er macht' schnell sich auf die Socken,
und er läutet' alle Glocken.

Dann kam gleich der MHD,
und ein Sani sprach: „Ich seh',
hier bei der verrückten Meute
brauchen wir noch viel mehr Leute!"

Und sie packten ihre Tragen
schnell zurück nun in den Wagen.
Als sie wurden ausgepfiffen,
haben sie die Flucht ergriffen.

Besser wurde es sodann,
als die Feuerwehr rückt' an,
denn sie seift' den Streitverein
mit dem neusten Löschschaum ein.

Opa Franz dacht' gleich: „Ich ahne,
das ist keine süße Sahne!"
Er zieht Flucht nun jeder Tat vor
und türmt gleich mit dem Rollator.

Früh war's Straßenfest dann aus,
und man schaukelte nach Haus,
wollte das Verbandszeug finden,
um die Wunden zu verbinden.

Nachbarn, die in unsern Tagen
dort sich auf die Straße wagen,
grüßen gar nicht oder stumm,
aber alle finden's dumm.

Sicher bleibt: In ihrem Leben
wird's kein Straßenfest mehr geben.
Dieses Wort bleibt immerzu
und auf ewig dort tabu!

Ein Mensch als Psychiater

Mit deiner Eins im Abitur,
sagt dir dein alter Vater,
da hilft mein guter Rat dir nur,
werde ein Psychiater!

Wer zwei so linke Hände hat,
taugt nicht zum Operieren,
würd' im OP die halbe Stadt
nur übel massakrieren.

Studiere Freud, Adler und Jung
samt Ödipuskomplexen,
dann kannst du mit Genehmigung
die halbe Welt verhexen.

Wer esoterisch seine Bahn
zieht durch ein irres Leben,
dem darfst du dann für seinen Wahn Psy-
chopharmaka geben.

Die Furcht vorm Klimakterium
nimm den verstörten Frauen,
kehr ihre Angst in Freude um.
Sie werden auf dich bauen.

Sie bleiben deiner Praxis treu
trotz wirkungsloser Pillen.
Mit Sprüchen stärkst du ihnen neu
den schwachen Lebenswillen.

Der Midlife-Crisis-Männerschar
gib Gruppentherapie.

Die loben dich darauf fürwahr
als ärztliches Genie.

Verschreiben musst du aber auch
ganz viel zur Prophylaxe.
Und heile nur aus hohlem Bauch
die schiefe Seelenachse.

Gutachten schreibe fürs Gericht,
auch wenn du keine Ahnung.
Verständlich schreiben darfst du nicht,
das sag' ich dir als Mahnung.

Nur wer Bizarres formuliert,
wird als Genie betrachtet,
als Koryphäe ästimiert
und höchstmöglich geachtet.

Berechnest du dein Honorar,
sei keinesfalls bescheiden.
Was ihm nicht lieb und teuer war,
mag der Patient kaum leiden.

Der Mensch und sein Kopf

Du hast den Kopf, das muss man sagen,
nicht nur, um einen Hut zu tragen.

Will man bei dir ein Haar nur spalten,
brauchst du den Kopf nicht hin zu halten.

Gar mancher hat nicht mehr im Kopf
als so ein Suppenhuhn im Kropf.

Ertränkst du nachts mal deine Sorgen,
brummt dir dein Kopf am nächsten Morgen.

Willst Kopf und Kragen du riskieren,
kannst du den Partner leicht verlieren.

Es hat beim Streit den bessren Part,
wer einen kühlen Kopf bewahrt.

Vergeblich sich mit Hüten ziert,
wer ständig seinen Kopf verliert.

Wer für 'nen klugen Kopf sich hält,
posaunt das nicht in alle Welt.

Der Hydrozephalus, du Tropf,
ist hochdeutsch nur ein Wasserkopf.

Beim Streichholz ist der Kopf das beste,
bei manchem Menschen sind's die Reste.

Setz' nicht zu schnell den Kopf aufs Spiel,
denn ohne zählst du nicht mehr viel.

Mit dickem Kopf mach' kein Theater,
du hast wahrscheinlich nur 'nen Kater.

Willst du mal deinen Kopf verwetten,
such' vorher den, der ihn kann retten.

Der Wein, der in den Kopf gestiegen,
kann auch die Beine dir verbiegen.

Im Schraubenkopf ist nur der Schlitz,
doch manchem Kopf fehlt's oft an Witz.

Trägst du den Kopf zur Guillotine,
so tu es nur mit heitrer Miene.

Der Mensch und die lustige Jägerei

Es pirscht ein Jäger durch den Wald,
es schneit und auch der Wind weht kalt.
Er will es nicht verstehen,
das Wild lässt sich nicht sehen.

Es warten weder Reh noch Hirsch
auf unsern Waidmann auf der Pirsch,
kein Wildschwein kreuzt des Jägers Pfad,
nicht mal ein kleines Häschen naht.

Und fleht er auch voll Ungeduld
um Jagdgöttin Dianas Huld,
die mischt sich da nicht ein
und lässt den Kerl allein.

Kein Jagdglück gibt's mit Ruhmestaten,
und seine Frau holt sich den Braten
auch heute in der Metzgerei.
Gar lustig ist die Jägerei!

Möwen und Kühe

Die Möwen überm Schiebedach,
die machen droben nicht nur Krach,
die schießen auch was hinten raus,
das sieht im Auto nicht gut aus.
Es ist auch nicht von Nutzen
und schwer nur weg zu putzen.

Drum schließe schnell dein Schiebedach,
wenn Möwen machen droben Krach!
Doch warst du mal nicht schnell genug,
bedenk': Der Schöpfer war sehr klug,
und du darfst dafür Dank ihm gönnen,
dass nicht auch Kühe fliegen können!

Mücke und Elefant

Beim Menschen füllte eine Mücke
im Magen keine große Lücke.
Doch bei der kleinen Fledermaus
säh' das schon gänzlich anders aus.

Macht sprichwörtlich nun kurzerhand
die Mücke man zum Elefant,
dient's keinem Magen dann zum Glücke,
und manchen riss es gar in Stücke!

Und mögt ihr's Mücken-Sprichwort leiden,
bleibt trotzdem immer hübsch bescheiden.
Der Elefant macht sonst oft Schaden
nicht nur beim Porzellan im Laden.

Macht nie bei Freunden und Bekannten
aus Mücken wieder Elefanten,
macht nicht aus jeder Bagatelle
schnell wieder lauter schwere Fälle.

Das macht man schon in den Parteien,
wo sich die Leute gern entzweien.
Das ist natürlich gar nicht klug,
sondern echt reichlich dumm genug!

Bei Hinterbänklern fängt's meist an,
was man ja jährlich sehen kann
in dem bekannten Sommerloch.
Lasst es dabei, so reicht es doch!

Vom Murmeltier

Ich wollt' ich wär' ein Murmeltier,
könnt' schlafend überwintern
und säß' im Januar nicht hier
mit einem kalten Hintern.

Doch würd' ich's Murmelleben loben,
wenn dann der Sommer käme?
Ich glaub', ich bliebe nicht da droben,
denk', dass ich Abschied nähme.

Der Frieden ist dort nicht von Dauer
und's Leben voll Gefahr.
Da ist der Adler auf der Lauer
und Jäger Waldemar.

Die wollen an mein Murmelfett,
weil sie's für heilsam halten.
Angeblich hilft es ja im Bett
und gegen Sorgenfalten.

Ich wär' doch nicht gern Murmeltier,
bleib' lieber Mensch im Tal,
und selbst, wenn ich am Hintern frier',
ist's mir dann auch egal.

(auch erschienen in „Was gleicht wohl auf Erden …", herausgegeben von Wolfram Martin bei
Neumann-Neudamm 2010)

Von der Palme

Beim Menschen ist es oft geschehen,
dass er wollt' auf die Palme gehen.
Kaum hat der Unsinn angefangen,
ist dieser Baum kaputt gegangen.

Die Pappel

Die Pappel sei, gab man bekannt,
ganz falsch als Baum im deutschen Land.
Nun frag' ich die, die das betonen,
ob sie auch falsch hier bei uns wohnen?

Der Holzschuh, manches Gärtners Stolz,
ist meistens auch aus Pappelholz.

Ihn tragen gerne auch noch heute
nicht nur in Holland viele Leute.

In Pappeln nistet der Pirol,
und Reiher fühlen sich dort wohl.
Es siedelt sich der Kormoran
auch gerne in der Pappel an.

Und ohne Pappeln, fällt mir ein,
was wäre da der Niederrhein?
Wer Pappeln schmäht, der arme Tropf
hat's Pappelholzbrett scheint's vorm Kopf!

Der Pfau

Es zeigt der Federn Farbenpracht
Der Pfau, wenn er ein Rad draus macht.
Der Mensch, der sich wie'n Pfau benimmt,
ist nicht zu Höherem bestimmt.

Das Pferd
(als Denkmal und Speise)

Das Pferd, das man in Bronze goss,
war eines großen Reiters Ross.
Doch wurd' sein Fleisch nach großen Taten
zu Pferdewurst und Sauerbraten.

Vom Pferd

Das Pferd im Wappen, damit prahlen
die Niedersachsen und Westfalen.
Das Pferd ist aber nicht nur hier
der meisten Mädchen Lieblingstier.

Pferde und Rinder
(und ihre Zucht)

Will bei Stuten und bei Kühen
man um Fortzucht sich bemühen,
braucht man dazu Hengst und Stier.
Das gilt auch noch heute hier.

Doch damit's soll preiswert klappen,
nimmt man heut' nur noch Attrappen.
Hengst und Stier, ganz ungelogen,
werden bei dem Akt betrogen.

Kein Hengst darf auf Koppeln bleiben,
um die Stuten dort zu treiben,
Stier und Kuh sind nicht auf Weiden,
Fortschritt lässt nun alle leiden.

Doch am meisten zu bedauern,
seien sie, sagten mir Bauern.
Für den Deckakt, den bequemen,
würd' viel Geld der Tierarzt nehmen.

Du siehst so des Fortschritts Kraft
in moderner Landwirtschaft.
Dennoch frag' ich immer nur:
„Wo bleibt hier denn die Natur?"

Pilze

Wer unter Tannen, Eichen, Buchen
will für 'ne Mahlzeit Pilze suchen,
der sollt' es keines Falls vergessen:
Manche kann man nur einmal essen!

Auch wenn es kaum interessiert,
sind manche noch kontaminiert.
Drum meid' ich aus Europas Osten
selbst Pilze, die sehr wenig kosten!

Quallen

Siehst du nur Quallen rings umher,
verlasse lieber schnell das Meer,
besser ist dran, der schwimmt und rennt,
bevor's ihm auf der Haut arg brennt.

Quecken

Auf dem Land weiß jedes Kind,
dass Quecken nur „Unkräuter" sind.
Und dennoch wird im Münsterland
daraus sogar ein Schnaps gebrannt.

Rabenkrähen

Rabenkrähen hier im Land
nehmen ständig überhand!
Weil's davon zu viele gibt,
sind sie reichlich unbeliebt.

Vögel, die am Boden brüten,
müssen sich vor ihnen hüten!
Kleine Hasen haben's schwer
und manch Jungtier ringsumher!

Die Krähe ist intelligent,
weil sie von weitem schon erkennt,
ob ihr der Mensch dort bringt Gefahr,
kennt Handstock und Gewehr sogar.

Man hat sie in der Vogelwelt
weitgehend unter Schutz gestellt.
Und weil der Mensch sie nicht verzehrt,
hat sie sich immerzu vermehrt.

Würd' mal ein Fernsehkoch entdecken,
dass auch die Rabenkrähen schmecken,
würd' man sie wohl verstärkt bejagen.
Doch das zu hoffen, wer will's wagen?

Rabe und Fuchs

Der Rabe, der gemäß der Fabel,
verlor sein Futter aus dem Schnabel,
weil ihm der Fuchs mit Sprüchen kam,
an dem jüngst furchtbar Rache nahm.

Der Fuchs war auf die Pirsch gegangen
und wollt den alten Hasen fangen.
Da hat der Vogel - ihr dürft's wissen -
dem Fuchs flink auf den Fang geschissen.

Der Rabe machte dabei Krach
und auch den alten Hasen wach.
Der konnt' sich unter lautem Lachen
ganz hurtig da vom Acker machen.

Der Rabe ist davon gestrichen.
Die alte Rechnung war beglichen.
Und wüsste das nun auch Äsop,
bekäm der Rabe von ihm Lob.

(auch zu finden in „Was gleicht wohl auf Erden…"
herausgegeben von Wolfram Martin bei Neumann-Neudamm 2010)

Radieschen

Radieschen sind rund, scharf und rot
als Bündchen meist im Angebot.
Man isst sie gern, solang' man's kann.
Dann schaut man sie von unten an.

Der Rehbock
(aus Jäger Johanns Nachtgebet)

Sankt Hubertus, hör mir zu,
ich begebe mich zur Ruh.
Dazu wünsch' ich, dass bei Nacht
heut' ein Englein mich bewacht.

Dir hab' ich noch aufzutragen,
dass du sollst dem Englein sagen,
es soll tunlichst dafür sorgen,
dass mein Bock noch lebt am Morgen.

Ich will heuer ihn nicht schießen,
doch es würd' mich arg verdrießen,
wenn's mein böser Nachbar tut.
Ja, das brächte mich in Wut!

Dieser Sechser darf nicht sterben,
denn er muss sich noch vererben,
und die Böcklein um ihn her,
taugen dafür nicht so sehr.

Doch der Nachbar vom Revier
lauert ständig voller Gier,
schielt auf meine besten Böcke
mehr noch als auf Weiberröcke.

Er lässt gar nicht mit sich reden,
schießt beharrlich stets auf jeden
Bock, der an der Grenze geht,
wenn er's auch nicht eingesteht.

Ja, der Schuft tut sogar kund,
ich sei ein gemeiner Hund,
achtete auf kein Gebot
und schöss' seine Böcke tot.

Sankt Hubertus, hör mir zu,
so was lässt mir keine Ruh'.
Ich hätt' eigentlich hienieden
mit dem Nachbarn sehr gern Frieden.

Und damit mich's nicht verdrießt,
sorg' dafür, dass falls er schießt,
er den Bock nicht treffen kann.
Sankt Hubertus, hör mich an!

Der alte Rehbock

Es saß dies' Jahr der Jäger Fritz
ein Vierteljahr hoch auf dem Sitz,
um dort, wo frische Halme sprießen,
den alten Rehbock tot zu schießen.

Doch saß der Fritz auf seinem Sitz,
dann kriegte das der Rehbock spitz.
Er suchte sich dann auf die Schnelle
zum Äsen eine andre Stelle.

Den Fritz zierte kein Bruch am Hut,
doch er geriet im Herbst in Wut,
so habe ich es jüngst vernommen,
als dann die Schonzeit war gekommen.

Der Bock kam nun an jedem Abend,
sich an den frischen Halmen labend,
die dort nicht weit vom Hochsitz sprießen.
Doch durfte Fritz ihn nicht mehr schießen!

Der Bock war wirklich sehr, sehr schlau,
kannte die Jagdzeit ganz genau
und hat den Fritz ganz schön gefoppt. -
Der wurd' vor Ärger fast bekloppt!

Vielleicht geschieht's im nächsten Jahr
genau so wie es diesmal war. -
Es wär' dem alten Bock zu gönnen,
dass wir dann wieder lachen können.

Der Reiher
(von der dummen Art)

Es fischt seit Wochen hier am Weiher
ein wirklich ziemlich dummer Reiher,
hackt Karpfen krank, das kann ich hassen,
die nicht in seinen Schlund reinpassen.

Ich wollte, das es dran erstickt,
dies Untier, das nicht richtig tickt!
Dürft' ich das blöde Viech erlegen,
für meine Karpfen wär's ein Segen!

Reiher
(auch als Sonderart „Erstreiher")

Viele Reiher gibt's im Land,
doch ist vielen nicht bekannt,
dass es den „Erstreiher" gibt,
der die erste Reihe liebt.

Die Ein- oder auch Zweireiher,
die der Herr trägt bei der Feier
- sind sie auch aus feinster Wolle -
spielen diesmal keine Rolle.

Auch der Laie weiß genau,
dass die Reiher meist sind grau,
und wenn es zu viele gibt,
bei Fischzüchtern unbeliebt.

Dazu gibt's noch Silberreiher,
Seiden-, Nacht- und Purpurreiher,
die wir, wenn sie jagen gehen,
meistens an Gewässern sehen.

Erstreiher sind niemals dort,
lieben keinen nassen Ort,
es darf für sie ganz allein
nur die erste Reihe sein.

Ist ein Fotograf in Sicht,
findet man sie hinten nicht.
Nein, sie stehen vornean,
dass sie jeder sehen kann.

Gibt's Champagner beim Empfang,
geht's nach vorn im schnellsten Gang,
und sie finden's wunderbar
vorn zu sein beim Kaviar.

Gibt es Arbeit zu verteilen,
sieht man nicht nach vorne eilen
die Erstreiher wie vordem.
Arbeit ist oft unbequem!

Auch sind sie, wenn Kugeln pfeifen,
niemals vorn - man kann's begreifen.
Erstreiher stört es gewaltig,
wenn die Luft wird eisenhaltig!

Doch dann bei der Siegesfeier
erblickt man die Sorte Reiher
ganz, ganz vorn - man konnt' es ahnen -
direkt unter Ruhmesfahnen.

Erstreiher sind nicht mein Fall!
Doch es gibt sie überall.
Nie kann man sie nach Belieben
mal von vorn nach hinten schieben.

Doch, wenn sie sich mal wie wild
drängten wieder vorn ins Bild,
kann - die Technik mag ich leiden -
man sie aus dem Foto schneiden.

Erstreiher wird's ewig geben.
Entweder, ihr lasst sie leben
oder bittet sie zu Tisch
und vergiftet sie - mit Fisch!

Das Rind
(das ein Rehbock sein sollte)

Blattzeit war's, die Böcke trieben,
und am Abend um halb sieben
kam Franz an der Pappelhecke
zu der Leiter an der Ecke.

Er stieg leise dort hinauf,
steckt' die Kugel in den Lauf,
und als er dann schaut' durchs Glas,
stand da'n Bock im hohen Gras.

Lange Stangen ohne Ecken
konnte Franz dann gleich entdecken,
und es wurd' ihm blitzschnell klar,
dass da'n „Mörderspießer" war.

An Jahren hatt' der höchstens drei,
doch dem Franz war's einerlei.
Sollt's bei der Brunft nicht Tote geben,
musst dem Spießer er ans Leben.

Doch wie Franz geschaut auch hat,
frei warn Träger nicht und Blatt,
und wo Pflanzen üppig sprießen,
kann man nicht durch diese schießen.

Heute trieb der Bock dort nicht,
wie's wär' in der Blattzeit Pflicht.
Nein, er äste ruhig weiter
hundert Meter vor der Leiter.

Immer näher rückt' die Nacht!
Da hat unser Franz gedacht,
diesen Bock müsst' heut' er kriegen
und ließ doch die Kugel fliegen.

Doch wo grad' der Spießer stand,
unser Franz dann gar nichts fand.
Nach dem „Spießer seines Lebens"
blieb die Suche ganz vergebens.

Andern Tags zu früher Stunde
kam vom Bauer Karl die Kunde,
dass durch Franz, wie man annahm,
dort ein Rind zur Strecke kam.

Das fand man ein bisschen weiter
von der schon bekannten Leiter,
von wo Franz wie'n Riesenross
quer durch die Botanik schoss.

Doch zu tragisch war das nicht,
das wurd' kein Fall fürs Gericht.
Für das Zuchtrind, das noch jung,
zahlte die Versicherung.

Auch hat Franz wegen dem Schaden
Bauer Karl gleich eingeladen
und dazu auch dessen Schatz
in das beste Haus am Platz.

Beide haben Franz geschworen,
dass sein Ruf ging' nicht verloren,
der als Jäger ihm wär' eigen,
denn sie würden eisern schweigen.

Vom dem Falle mit dem Rind,
da bekäme keiner Wind. –
Doch der Fall ist rausgekommen!
Wie, hat Franz wohl nie vernommen.

Schon nach ziemlich kurzer Zeit,
wusst' sein Stammtisch dann Bescheid,
und begrüßt wurd' er dort froh
mit „Waidmannsheil!" und „Horrido!"

Wobei man ihm auch offeriert
den Rinderkopf, fein präpariert
auf einem dicken Eichenbrett,
damit er 'ne Trophäe hätt'.

Er musst', wie nie im ganzen Leben,
drauf kräftigst einen aus nun geben.
Auf seine Kosten gab's ein Essen,
auch's Trinken wurde nicht vergessen.

Man pries des Franzens Jägertaten,
tat gütlich sich am Rinderbraten
und hatte wegen diesem Tier
die ganze Nacht dann sein Pläsier.

Der Rinderkopf, hab ich vernommen,
ist auch in Franzens Haus gekommen.
Doch dann, das muss ich auch gestehen,
hat man ihn niemals mehr gesehen.

Die Rötelmaus

Ich schaut' im Wald nach Tauben aus,
da kam die kleine Rötelmaus.
Weil ich grad's Frühstück zu mir nahm,
war das der Grund, weshalb sie kam.

Ich brach ihr ein paar Bröckchen ab
und warf die dann zu ihr hinab.
Für sie hat das wohl gut gerochen,
doch erst hat sie sich mal verkrochen.

Sie hockte unterm Eichenblatt,
von wo sie hergeschaut dann hat.
Und langsam wurde ihr wohl klar,
dass ich sie brächt' nicht in Gefahr.

Sie ist dann näher rangekommen
und hat die Nahrung angenommen.
Das Spielchen ließ sich wiederholen,
sie kam bis an die Stiefelsohlen.

Und ganz bestimmt hat sie gemeint,
ich wäre sicher nicht ihr Feind.

Sie rettet' auch der Tauben Leben,
auf die ich da nicht Acht gegeben.

Das Mäuschen dort samt Waldfrühstück,
empfand ich auch als Jägerglück.
Doch mancher Mensch war gleich empört,
als er von dem Erlebnis hört'.

Man sagte, dass von diesen Tieren
doch kämen diese Hantaviren.
Vom Fuchsbandwurm hört' ich auch reden,
der arg gefährlich sei für jeden.

Und mancher dumme Mensch noch wollte,
dass ich so'n Tier abschießen sollte.
Statt so mein Frühstück zu verschenken,
sollt' ich an die Gefahren denken.

„Na gut", hab' ich da noch gesagt,
„wenn euch das Mäuschen nicht behagt,
braucht ihr, wollt ihr euch's Heim gestalten,
die Maus ja nicht als Haustier halten!"

Schlangen

Ein Mensch stand früher häufig lange,
weil's mal was gab, vorm Laden Schlange.
Und will man heut' ins Kino gehen,
kann man auch dort noch Schlange stehen.

Und auch am Flugplatz gibt es Schlangen,
die manchem auch schon lange langen.

Auch stören lange Schlangen sehr
auf Autobahnen den Verkehr.

Die Eva einst im Garten Eden
ließ von der Schlange sich bereden,
die Warnung Gottes zu vergessen,
und tat ganz dreist den Apfel essen.

Die Frucht steckt heute jedenfalls
als Adamsapfel noch im Hals,
weil wohl ein Stück einst stecken blieb
bei Adam, den dann Gott vertrieb.

Im Paradies war erst mal Schluss,
was man vielleicht bedauern muss.
Doch hätten sicher ohne Schlangen
auch schlecht're Zeiten angefangen.

Ist auch ein Wesen göttlich gütig,
wird mancher Mensch gern übermütig.
Dass es da nicht bei Äpfeln bleibt,
behauptet der, der dieses schreibt.

Doch sollt' man auch deswegen eben
der Schlange nicht die Schuld nur geben
für das, was oft im Übermut
der Mensch an sich und andern tut.

Schwalben

Im Sommer sieht man allenthalben
bei uns im Dorf die flinken Schwalben.
Dass eine keinen Sommer macht,
hat man ins Sprichwort schon gebracht.

Doch Schwalben ärgert's vehement,
dass man's beim Fußball Schwalbe nennt,
sieht Spieler man im Gras sich winden,
um einen Strafstoß raus zu schinden.

Auch Schwalben, die am Bordstein wandeln,
mit Männern Preise auszuhandeln,
weil die dort hin zum Beischlaf kamen,
verdienen nicht den Vogelnamen.

Die Schwalben auf dem Bauernhof
finden unechte Schwalben doof
und sind drum bis zum Herbst nur da.
Dann fliegen sie nach Afrika.

Der weiße Schwan

Die schöne Leda saß im Kahn,
da kam der Zeus als weißer Schwan.
Er hat sie erst bestusst gequasselt
und ihr dann die Figur vermasselt.

Schwarzwild

Zum Keiler sprach die alte Bache:
„Hör zu, mein Freund, ich glaub' ich mache
mich fort aus meinem Maisrevier.
Es ist mir viel zu öde hier!

Denn hier in Pommern gibt es nur
die öde Maismonokultur.
Lass uns fort von hier nun ziehn
an den Stadtrand von Berlin.

Dort gibt's Bucheckern und Eicheln,
die sehr meinem Gaumen schmeicheln.
Und in der Laubenkolonie
gibt's täglich Äsung wie noch nie.

Da's Menschen gibt an allen Ecken,
kann auch kein Jäger uns dort schrecken.

Zwar bringen Autos dort Gefahr,
doch sonst ist alles wunderbar!

Man hört sogar von Menschenmüttern,
die dort Frischlinge fleißig füttern.
Ja dort, in Deutschlands größter Stadt
werden wohl alle Tiere satt.

Spinnen

Spinnen, die es zahlreich gibt,
sind zumeist sehr unbeliebt,
sind für viele gar ein Graus,
wenn sie tummeln sich im Haus.

Doch ganz ohne ein Entsetzen,
sieht man's, wenn in ihren Netzen
morgens Tropfen sind vom Tau.
Die liebt sogar manche Frau.

In Altweibersommersonne
sieht der Mensch sie voller Wonne,
wenn im frühen Morgenlicht
dort des Lichtes Strahl sich bricht.

Doch sind sie, genau genommen,
nirgendwo im Haus willkommen.
Spinnennetze zeigen an,
dass die Frau nicht putzen kann.

Dabei sollen Netze nützen,
uns vor Mücken stets zu schützen

und sie sollen Fliegen fangen,
die in unser Haus gelangen.

Dazu wäre auch vonnöten,
dass wir nicht die Spinnen töten,
doch säh' dann nicht unser Haus
wie im Gruselfilm bald aus?

Eines aber scheint gewiss:
Hier gibt's keinen Kompromiss!
Würd' es den bei Spinnen geben,
bliebe manche länger leben.

Der Star

Der Star bei uns am Baum im Kasten
braucht für sein Starsein nicht zu fasten.
Im Lenz ist er so fein gekleidet,
dass ihn die Amsel schon beneidet.

Doch zollt er uns fürwahr kein Lob
fürs menschgerechte Biotop.
Die Weiden, lässt er uns gleich wissen,
die würde er doch arg vermissen.

Die Nistkästen, die wir noch bieten,
die könne er zur Not noch mieten,
doch ringsherum da gäb' es nur
noch wenig brauchbare Natur.

Der Star vom Film ist besser dran,
weil er sich gut anpassen kann,

obwohl manchmal doch sein Salär
ohne die Werbung kleiner wär'.

Drum wirbt er auf der Promenade
vom Kurort für die Marmelade,
die er wohl selber gar nicht mag.
Doch kein Licht bringt das an den Tag.

Im Flimmerkasten spielt ein Star,
was für ihn wirklich wunderbar,
doch für uns kaum noch zu begreifen,
jetzt wieder mit in jedem Streifen.

Ob Lehrer, Pfarrer oder Richter,
da kommen ständig die Gesichter,
die Lieschen Müller innig liebt, ob-
wohl's vielleicht auch and're gibt.

Doch die sind nicht sehr zu beneiden.
Sie müssen sich mit dem bescheiden,
was sie in schlecht bezahlten Rollen
im Stadttheater spielen sollen.

Doch hier, auch das ist wunderbar,
erlebt der noch nicht große Star
in der Provinz im kleinen Haus
von Herzen kommenden Applaus.

Storch Adebar

Ach, wie war's einst wunderbar
mit dem Meister Adebar,
als er noch bei Tag und Nacht
Babys hat ins Haus gebracht.

Heut' ist selbst bei uns im Norden
selten schon der Storch geworden,
der einst auf 'nem Wagenrad
auf dem Dach genistet hat.

Und viel größer wird nun heute
auch die Zahl der Eheleute,
die ganz ohne Kinder bleiben.
Ist dem Storch das zuzuschreiben?

Oder ist's nur freier Wille
und die Antibabypille,
die uns senkt die Kinderzahl?
Bitte, schreibt mir das doch mal!

Kommt gar dieses Missgeschick
auch von unsrer Politik,
die Kind und Eltern nur noch kaum
sichert ihren Lebensraum?

Kommt heut' der Meister Adebar
mit seinem Job gar nicht mehr klar? -
Selbst wenn er uns da kaum kann nützen,
sollten wir ihn dennoch schützen!

Vom Trauerschwan Petra

In Münster ist ein Trauerschwan
beim Flug auf unbekannter Bahn
einst auf dem Aasee angekommen.
Das hat die ganze Welt vernommen.

Der Schwan erschien den Menschen nämlich
kaum artgemäß und sogar dämlich,
weil er zum Partner, wurd' erzählt,
hatte ein Boot sich ausgewählt.

Dies Tretboot, groß und schwanengleich,
lag da am Gasthof „Himmelreich".
Und weil's wohl einem Schwan sehr glich,
er ihm nicht von der Seite wich.

Der Schwan wurd' Peter flugs genannt,
doch als man eine Feder fand,
war nach 'nem Test bald allen klar,
dass Peter eine Petra war.

Weil Petras Story viele rührte,
sie auch zu dem Entschluss nun führte,
man müsst' in diesem Falle nun
auch was fürs Überwintern tun.

Vom Zoo der Chef, Jörg Adler heißt er,
war im Improvisieren Meister.
Die Gabe hat sich auch bewährt,
als er dem Schwan Asyl gewährt'.

Er machte Petra nun recht froh,
denn auch das Boot durft' in den Zoo.
Doch Hoffnungen vergeblich waren,
sie mit 'nem echten Schwan zu paaren.

Als dann der Winter war vorbei,
hat man die lang bekannten Zwei,
die Weltpresse hat es berichtet,
bald wieder auf dem See gesichtet.

Und ein Politiker gar wollte,
dass man die Petra ehren sollte,
in dem man sie ins Wappen nähme
und Münster so mehr Ruhm bekäme.

Doch das verlief dann doch im Sand,
denn bald hat Petra wohl erkannt,
dass so ein Boot fürs Schwanenleben,
könnt' doch nicht die Erfüllung geben.

Bald macht' die Nachricht dann die Runden,
die Petra sei vom See verschwunden.
Man hat sie weltweit dann gesucht,
doch ein Erfolg ist nicht verbucht.

*****

2013 ist es nun, o welch ein großes Glück:
Die Petra lebt wohl immer noch und zwar in Osnabrück!
Und weil sie einen Partner hat
nun dort in Münsters Nachbarstadt,
kann ich dazu noch schreiben:
Dort soll sie nun auch bleiben,
denn dieser Partner ist ein Schwan
und nicht wie einst ein Plastikkahn,
ein Schwan von Petras Rasse.
Das finde ich „echt klasse"!

Veilchen

Klein sind sie, blau und bescheiden,
und so mag sie jeder leiden.
Doch gibt's Veilchen, die nichts taugen,
und die sitzen untern Augen.

Vom Wald (1)

Der Wald besteht nicht nur aus Bäumen,
nein, auch aus vielen Zwischenräumen.
Und weil bekanntlich sonst nichts los,
gibt's auch im Wald noch recht viel Moos
und Farne worin sich verstecken
gar oft die bitterbösen Zecken.

Dann gibt's, obwohl ich's selten seh',
im Wald auch noch das scheue Reh.
Auch sieht man Jungs mit ihrem Schatz,

die suchen einen sichern Platz.
Sonst ist der Mensch für'n Wald nicht gut,
weil er ihm häufig schaden tut.

Denn Pulver, Blei und Auspuffgas
die machen keinem Walde Spaß.
Und unter Fichten oder Buchen
hat's Allradauto nichts zu suchen.
Würd' mal der Mensch den Wald echt schützen,
würd's auf die Dauer ihm auch nützen.

Wenn Menschen nur vom Walde singen,
kann es dem keinen Nutzen bringen.
Und wenn so'n Sänger immerzu
singt von der schönen Waldesruh',
soll er sich nicht im Wald rumtreiben,
und wenn, still auf den Wegen bleiben!

Vom Wald (2)

Wenn's Wachstum in der Industrie
sich fortentwickelt wie noch nie,
„die Märkte" nur uns Menschen treiben,
wird bald vom Wald nichts übrig bleiben!

Der Waldkauz
(auf dem Hochsitz)

Im Frühling fand ein Waldkauzpaar
zur Brut Karls Hochsitz wunderbar.
Zwei Eulchen wurden ausgebrütet
und dann auch noch sehr gut behütet.

Karl hat sich damit abgefunden,
doch nach 'ner Zeit wollt' er erkunden,
wie wohl die Jungen sähen aus,
doch leider wurde da nichts draus.

Als Karl bestieg die Leitersprossen,
kam gleich ein Kauz herangeschossen,
und hat Karls Ohr tief aufgeschlitzt.
Da ist das Blut herausgespritzt!

Karl ist zum nächsten Hof gerannt,
wo er hilfreiche Leute fand.
Die riefen ohne langes Fragen
gleich schnell nach einem Krankenwagen.

Im Krankenhaus wurd's Ohr behandelt,
das ihm der Waldkauz hat verschandelt.
Weil man kein freies Zimmer fand,
blieb die Behandlung ambulant.

Doch stand im Arztbrief klipp und klar,
dass Karl nun wohl ein Schlitzohr war.
Und die Moral von der Geschicht':
Den Waldkauz reizt man besser nicht!

Wallhecken

Die Wallhecken umsäumten Felder
und verbanden kleine Wälder,
und so allerlei Getier
fand auch seine Zuflucht hier. –

Wallhecken war'n im Münsterland
bei jeder Jagd dafür bekannt,
dass die Kaninchen ganz schön schlau
dort flitzten flink von Bau zu Bau.

Da haben Jäger unverdrossen Pa-
tronentaschen leer geschossen, doch
trotzdem kamen an der Hecke
Kaninchen nicht sehr viel zur Strecke.

Wo in Wallhecken Hasen lagen, brauch-
ten die sich mit Schrot nicht plagen, wenn
sie, ehe die Jäger kamen,
ins freie Feld Reißaus gleich nahmen.

Und auch mancher Fasanenhahn
bewegte sich auf gleicher Bahn.
Doch wenn er statt zu laufen flog,
das Schicksal ihn gar arg betrog.

Dann kam der Hahn aus dieser Hecke
doch bei den Jägern noch zur Strecke. -
Die Wallhecken, die's kaum noch gibt,
waren bei jeder Jagd beliebt.

Doch man bereinigte die Flur
und schuf nur noch Monokultur,
wollt' von sehr weiten Ackerflächen
den Bauern mehr Ertrag versprechen.

Wallhecken waren da im Wege. -
Nun dienen sie der Landschaftspflege
und werden heute für viel Geld,
wo sie einst waren, neu erstellt.

Doch ehe sie wie früher sind,
weiß auf dem Lande jedes Kind,
vergeht nun noch so manches Jahr.
Ob das wohl unvermeidbar war?

Vom Waschbär

Im Winter sieht man Karl gern tragen
den Loden mit dem Waschbärkragen.
Das Tier hat er einst selbst erlegt,
ein Fakt, der ihn noch heut' bewegt.

Der Karl war damals auf der Pirsch
zu jagen einen guten Hirsch.
Sein Teckel, der sein ganzer Stolz,
fuhr knurrend da ins Unterholz.

Der Waschbär war damals der Grund
für diesen Angriff von Karls Hund.
Das Pelztier sucht' am Waldessaum
sein Heil ganz flink auf einem Baum.

Kaum hatte Karl das Tier gesehen,
war es um dieses schon geschehen.
Vergebens war hinauf die Flucht,
hinab fiel's wie 'ne reife Frucht.

Karl sprach: „So ist des Lebens Lauf.
Nicht immer nützt der Weg hinauf,
denn manchmal kann, wer kam nach oben,
sein Schicksal dort nicht lange loben!"

Der Wasserfloh

Der Wasserfloh sitzt nie im Hemd
oder pobackig eingeklemmt.
Darüber ist er richtig froh,
denn sonst wär er ja 'n Menschenfloh.

Der Säbelschnäbler ist ein Watvogel

Watvögel

Watvögel sind nicht in der Stadt.
Ihr Biotop ist unser Watt.
Dort waten sie auf hohen Stelzen,
ohne durch's Wasser sich zu wälzen.

Ihr langer Schnabel ist sensibel,
und damit suchen sie penibel
nach Nahrung überall im Watt.
Vom Kleingetier werden sie satt.

Doch weil sie auch am Boden brüten,
müssen sie sich vor Möwen hüten.
Die machen nicht nur viel Geschrei,
sie rauben gern auch jedes Ei.

Schön ist der Watvögel Gefieder,
doch junge sind ganz schlicht und bieder.
Tarnfarben schützen so ihr Leben,
dass sie sich nicht vom Grund abheben.

Die Urlauber, die dort am Strand,
sehn ihre Spuren wohl im Sand,
doch wie's so ist heut' mit den Leuten,
wissen sie Spuren kaum zu deuten.

Wildpferde und Flamingos
(im Münsterland)

Es ist das schöne Münsterland
dank seiner Vielfalt sehr bekannt.
Radfahren muss man oder gehen,
um diese Vielfalt dort zu sehen.

Die Wasserburgen, über hundert,
werden von Gästen oft bewundert.
Und manches Dorf und manche Stadt
erkundet man dort mit dem Rad.

Du musst auf kleinen Pfaden gehen,
denn dort ist heut' noch was zu sehen,
was es allein nur hier noch gibt
und was das Land macht so beliebt.

Wildpferde sind da, große Herden,
die sehr zurecht bewundert werden.
Im Frühling gibt's ein großes Fest,
wenn man Junghengste fangen lässt.

Wenn die, so hat man es beschrieben,
dort alle in der Herde blieben,
gäb's zu oft ein tödliches Raufen.
Drum kann man besser sie verkaufen.

Sie sind beliebt seit alten Zeiten
als Kutschpferd oder auch zum Reiten.
Man sagt auch, dass man sie kastriert,
weil'n Wallach besser wohl pariert. - -

Du siehst natürlich auf der Pirsch
im Münsterland Sau, Reh und Hirsch.
Dazu macht dich ein Vogel froh,
den man sonst höchstens sieht im Zoo.

Im Westen kommt in einem Moor
wild lebend der Flamingo vor.
In Zwillbrock hat im Venn das Tier
seit Jahren schon sein Brutrevier.

Man sieht Greifsäuger oft genug,
meist Fähen, dort auf Beutezug,
und Dutzende von Rabenkrähen
kann man dort überm Moor erspähen.

Doch ist's Flamingos oft gelungen
dort aufzuziehen ihre Jungen,
groß blieb dort ihre Zahl, gottlob,
in diesem schönen Biotop.

Man hat dort Ausgucke gebaut,
von denen man ins Moor nun schaut.
Die überdachte Holzplattform
bietet viel Platz, es ist enorm.

Ich bin dorthin vor vielen Jahren
samt Fernglas gerne hingefahren.
An einem Sommermorgen kamen
auf meinen Ausguck junge Damen.

Die haben sich dort umgeschaut
und eine hat sich auch getraut
zu fragen, ob ich's ihr mal gönnte,
dass sie durchs Fernglas gucken könnte.

Im Flachwasser Flamingos standen,
und Möwen waren auch vorhanden.
Von Hand zu Hand ging da mein Glas,
es macht' den Damen sichtlich Spaß.

Doch schienen sie, hatt' ich entdeckt,
von Sachkenntnis wohl unbeleckt.
Sie hätten, eine hat's erzählt, Biol-
ogie früh abgewählt.

Und eine fragt, wann man die Kleinen
auch sehen könnt' mit langen Beinen.
Da musst' ich ihnen schnell erklären,
dass diese Kleinen Möwen wären.

Trotzdem der Fakt die Damen adelt,
dass sie sind an das Moor geradelt.
Man kann ja dort, wie oft auf Erden,
auch nach der Schulzeit klüger werden.

Der Wolf

Den Wolf, der einst hat das Rotkäppchen
verspeist als zartes junges Häppchen
nach dieser Oma zäh wie Leder,
den kennt seit Grimms natürlich jeder.

Doch ungern lernt den Wolf man kennen,
der Läufer peinigt, wenn sie rennen,
und der beim Menschen, der stark schwitzt,
an sehr pikanter Stelle sitzt.

Den Wolf als „lupus homini"
gab es in der Philosophie.
Doch kann er Menschen hier auf Erden
auch heute noch gefährlich werden.

Zum Wolf gehört nun auch die Frage
nach der uralt-römischen Sage.
Denn ohne Wolf, so wird's verkündet,
hätt' die Stadt Rom man nie gegründet.

Der Wolf im Zoo ist meistens friedlich,
und seine Welpen sind ganz niedlich.
Doch schnell die Sympathien sinken,
weil diese Tiere oft sehr stinken.

Drum wird der Mensch wohl sowieso
mit nahen Wölfen meist nicht froh,
will lieber sie im Film mal sehen,
und das ist nun auch zu verstehen.

Die Wollmilchsau

Ich weiß es leider nicht genau,
ob sich auf eine Wollmilchsau,
die uns auch fleißig Eier legt,
die Genforschung schon hinbewegt.

192

Die Wollmilchsau, will ich noch sagen,
sollt' zusätzlich 'nen Reiter tragen
und mit ihm auch noch fliegen können.
Das müsst' die Menschheit sich schon gönnen!

Kein Tierarzt müsste je was tun,
das Tier wär' ja total immun,
und als sein Futter reichten hier
schon Pappkartons und Altpapier.

Man brauchte auch auf keinen Fall
einen klimatisierten Stall.
Das Tier könnt' ständig draußen sein.
Fällt euch dazu nun noch was ein?

Die Zecke

Als Parasiten hat bei Hunden
manch' Jäger Zecken schon gefunden.
Doch jüngst fand Franz in seinem Felle
so'n Tier an sehr pikanter Stelle.

Weil es da unten arg gejuckt,
hat Franz auch dort gleich nach geguckt.
Als er entdeckte nun das Vieh,
suchte er gleich nach Therapie.

Und Franzens Frau es ernsthaft wollte,
dass er zum Doktor gehen sollte.
Doch Franz tendierte hier doch wohl
zu Hausmitteln wie Ballistol.

Doch wollte er zugleich probieren,
sich gründlich zu desinfizieren.
Dazu gab's außen Ballistol
und innen reichlich Alkohol.

Die Zecke hat im Öl geschwommen,
und das ist ihr nicht gut bekommen.
Der Franz schwamm mehr in Schnaps und Wein,
das sollt' für ihn gesund nicht sein.

Am Morgen hat er beim Erkunden
die Zecke dann nicht mehr gefunden.
Doch die war zwischen seinen Ohren
anscheinend nun im Kopf am bohren.

Die Frau sprach: „So hat's keinen Sinn!"
Sie schleppt' den Franz zum Doktor hin.
Der gab Franz ohne Mitgefühle
die Spritze mit dickster Kanüle.

Während der Arzt den Franz so impft,
hat er auch noch mit ihm geschimpft:
„Plagt fortan dich ein Zeckentier,
dann komme bitte gleich zu mir.

Es gibt die Biester aller Orten,
jedoch auch in verschied'nen Sorten.
Und ich geb' dir nun zu bedenken,
man darf sie nie mit Schnaps ertränken.

Mit Alkohol zu therapieren,
das solltest niemals du probieren.
Und Zecken gar noch tot zu trinken,
so tief darf nie ein Jäger sinken!"

Zuckerrüben
(in der Nachkriegszeit)

Wir konnten bei den Zuckerrüben
als Jungen unsre Kräfte üben.
Die saßen oft sehr fest im Lehm,
das Ziehen war nicht angenehm.

Wenn sie dann in der Reihe lagen,
wurden die Blätter abgeschlagen.
Maschinen hatten wir noch nicht,
da war die Handarbeit noch Pflicht.

Die Rüben kamen dann in Mieten,
die sollten Schutz vorm Frost nun bieten.
Lagen sie dann dort unterm Stroh,
machte das manches Wildschwein froh.

Doch gab es auch manch andren Dieb,
der sich dann häufig dort rumtrieb.
Weil's noch viel Hunger gab und Not,
brauchte man's Rübenkraut fürs Brot.

Doch was da wurde nachts geklaut,
war häufig nicht fürs Rübenkraut.
Aus Rüben wurde auf dem Land
damals der Schnaps noch „schwarzgebrannt".

In Dörfern gab es ganze Reihen
von illegalen Brennereien.
Man ließ aus Angst vor Kontrolleuren
sich kaum bei dieser Arbeit stören.

Die Kontrolleure wurd' gesagt,
hätt' selber oft der Durst geplagt,
und wenn's mal nicht ging um den Durst,
gab's Tauschmittel für Speck und Wurst.

Geld zählte wenig zu der Zeit,
Tauschhandel herrschte weit und breit.
Dabei konnten da manchen Leuten
selbst Zuckerüben viel bedeuten.

Zwiebeln & Co.

Nach Zwiebeln, Bohnen oder Lauch
entschwindet gern ein Pup dem Bauch.
Jedoch ob mit, ob ohne Land,
gibt er manchmal erst spät bekannt!

Zeitfracht Medien GmbH
Ferdinand-Jühlke-Straße 7
99095 Erfurt, Deutschland
produktsicherheit@kolibri360.de